Nikolai N. Serebrennikow

Pas de deux im Klassischen Tanz

Nikolai N. Serebrennikow

Pas de deux im Klassischen Tanz

Herausgegeben von
Werner Gommlich
und Martin Puttke

Henschel

Sie können uns 24 Stunden am Tag erreichen unter:
www.henschel-verlag.de
www.seemann-henschel.de

Titel der Originalausgabe:
Поддержка в дуэтном танце
Verlag Iskusstwo, Leningrad 1969

Bibliografische Information Der Deutschen Bibliothek
Die Deutsche Bibliothek verzeichnet diese Publikation in der Deutschen Nationalbibliografie; detaillierte bibliografische Daten sind im Internet über http://dnb.ddb.de abrufbar.

ISBN 3-89487-477-5

Die Schreibweise entspricht den Regeln der neuen Rechtschreibung.

Der vorliegenden Fassung
liegt die Übersetzung von Bojidara Blaskova-Heyn und Klaus Tews zugrunde
Bearbeitung und Fachredaktion für diese Ausgabe: Martin Puttke

Umschlaggestaltung: Günter Hennersdorf, Berlin
Titelbild: Bill Cooper/Royal Ballet London
Gesamtgestaltung: AS Typo & Grafik, Berlin
Druck und Bindung: GGP Media, Pößneck
Printed in Germany

Gedruckt auf alterungsbeständigem Papier mit chlorfrei gebleichtem Zellstoff

Inhalt

Vorwort des Autors

Das Fach »Pas de deux im Klassischen Tanz« ist eine Spezialdisziplin in der Ballettausbildung. Im Verlauf des Unterrichtes erlernen die Schüler die Grundlagen der Pas-de-deux-Technik und eignen sich bestimmte Fertigkeiten der szenischen Partnerbeziehung an. Indem die Lehretüden schrittweise erschwert werden, tanzen die Schüler schließlich Pas de deux aus dem klassischen Erbe und dem russisch-sowjetischen Ballettrepertoire.

Das Unterrichtsprogramm, das die grundlegenden technischen Ansätze und Fassungen enthält, stellt nur eine Leitlinie für den Unterricht in diesem Fach dar. Es erläutert jedoch nicht die Unterrichtsmethodik. Dem Leningrader Akademischen Choreografischen Institut »A. J. Waganowa« verdankt dieses Fach wesentliche Erfahrungen zur Unterrichtsführung, die sich die jungen Pädagogen, Ballettmeister, Leiter von Ballettstudios und Tänzer aneignen sollten.

An der Ausarbeitung der Methodik des Pas-de-deux-Unterrichts nahmen die Lehrer des Leningrader Instituts verschiedener Generationen teil: P. A. Gerdt, S. G. und N. G. Legat, S. K. Andrianow, L. S. Leontjew, W. I. Ponomarjow, B. W. Schawrow, P. A. Gusew, A. I. Puschkin, A. A. Pisarew und viele andere. Jeder von ihnen brachte große Meister der Kunst des Pas de deux und Pädagogen hervor, die dieses Erbe pflegen.

Viele Ballettmeister entwickelten und vervollkommneten den Pas de deux mit ihrem Schöpfertum: M. I. Petipa, K. I. Iwanow, A. A. Gorski, M. M. Pokin, F. W. Lopuchow, K. E. Goleisowski, W. I. Wainonen, R. W. Sacharow, L. M. Lawrowski, L. W. Jacobson, W. P. Burmeister, W. M. Tschabukiani, K. M.

Sergejew, K. F. Bojarski, B. A. Fenster, W. A. Warkowizki, I. D. Belski, J. N. Grigorowitsch und andere.

Der Phantasie sind im Pas de deux keine Grenzen gesetzt. Jedoch sollte man in Betracht ziehen, dass nicht jede beliebige neue Form, die der Ballettmeister findet, im Unterrichtsprozess angewendet werden kann. Eine Auswahl ist unbedingt notwendig, ebenso wie jede neue Bewegung sorgfältig durchdacht und geprüft werden muss.

Der Autor hat sich mit diesem Buch die Aufgabe gestellt, die Technik des Pas de deux zu erläutern, Übungen zu beschreiben, allgemeine Fragen der Methodik zu beantworten und Unterrichtsbeispiele anzuführen, die den Prozess der dreijährigen Ausbildung systematisieren helfen und die Aufgaben des Pädagogen für jedes Halbjahr bestimmen.

Die Übungen sind nach dem Schwierigkeitsgrad der Fassungen und Griffe gegliedert, ihre Reihenfolge entspricht nicht einer bestimmten Unterrichtschronologie.

Das Buch besteht aus drei Teilen: I. Teil – die Fassungen und Griffe; II. Teil – Fassungen und Griffe bei Hebungen und Würfen; III. Teil – Beispiele für 6 Unterrichtsstunden.

Im Buch wird nicht erklärt, wie die Partnerin bestimmte klassische Pas auszuführen hat, da dies ebenfalls nicht die Aufgabe des Unterrichts in diesem Fach ist. Der Pädagoge muss jedoch über Kenntnisse der Methodik des Frauentanzes verfügen und imstande sein, die Partnerin auf professionelle Weise zu korrigieren. Eine entsprechende Zusammenfassung methodischer Fragen des Frauentanzes findet der Pädagoge in den Lehrbüchern für Klassischen Tanz von A. J. Waganowa, N. P. Basarowa und W. P. Mej, W. S. Kostrowitzkaja und A. A. Pisarew. Der Autor weiß, dass sein Buch keine abgeschlossene Abhandlung über methodische Fragen des Pas de deux darstellt, da noch viel darüber geschrieben werden wird, wie bei den Schülern die darstellerischen Aspekte der Partnerbeziehungen herausgebildet und das Verhältnis der Partner zueinander im weitesten Sinne entwickelt werden müssen. Dies ist eine besondere Aufgabe mit einer spezifischen Problematik, die einer dringenden Untersuchung bedarf.

Abschließend möchte ich all jenen danken, die mir bei der Herausgabe dieses Buches geholfen haben: F. W. Lopuchow, W. I. Schelkow, K. M. Palaja, G. L. Chochlow, O. N. Kudrjaschow, W. M. Krassowskaja, W. W. Tschistjakowa, J. I. Slonimski.

Besonders herzlicher Dank und Anerkennung gebühren B. W. Schawrow – meinem Lehrer, Erzieher und Konsultanten – und in gleicher Weise T. M. Wetscheslowa für die große Arbeit der fachspezifischen Redaktion.

Nikolai N. Serebrennikow
Leningrad 1969

Allgemeine Fragen der Methodik

Der Pas-de-deux-Unterricht wird in den letzten drei Jahren der Ballettschule in voller Übereinstimmung mit dem Programm des Klassischen Tanzes für Mädchen.* Vom Grad der Vorbereitung der Schülerinnen innerhalb dieser Disziplin hängt die erfolgreiche Aneignung des Pas de deux ab. Alle Handlungen des Partners, alle seine Ansätze sind auf die richtige Form der Posen und Haltungen der Partnerin berechnet, die im Klassischen Tanz erarbeitet wurde. Dem Schüler, der mit dem Pas-de-deux-Unterricht beginnt, sollte man die Bedeutung des Paartanzes in Ballettaufführungen, seinen geistigen Gehalt, den schöpferischen Kontakt beider Partner und das Gefühl für die einheitliche Bewegung bewusst machen.

* Entsprechend dem Programm der acht- beziehungsweise neunjährigen russischen Ballettausbildung.

Es ist notwendig, die Technik und ihre Anwendung in verschiedenen Formen des Paartanzes zu lehren: zum Beispiel Pas de deux, Pas de trois, Pas de quatre, Pas de cinq usw. Ebenso ist es unerlässlich, die Epoche und den Stil der Tänze aus den Ballettaufführungen, die in das Unterrichtsprogramm aufgenommen werden, zu erläutern.

Das »par terre« ist in seiner Vielfalt technisch wesentlich schwieriger als die Hebungen. Im Lernprozess lässt sich diese Technik langsamer und schwerer aneignen. Es kommt oft vor, dass die Schüler der Par-terre-Technik nicht die notwendige Bedeutung beimessen, sondern möglichst schnell dem Erlernen komplizierter Techniken von Hebungen zustreben. In solchen Fällen ist es unumgänglich, anhand der praktischen Beispiele die Schwierigkeiten der Par-terre-Technik zu erläutern und eine besondere Aufmerksamkeit für diesen Teil der Pas-de-deux-Arbeit zu fordern. Die gründliche Aneignung dieser Technik erleichtert und beschleunigt das Erlernen der Hebungen. Im Verlauf der drei Jahre ist es empfehlenswert, in jeder Stunde die Partner zu wechseln, also nicht bestimmte Paare zu bilden. Das fördert die Entwicklung der Wendigkeit, Geschicklichkeit, Reaktionsfähigkeit und des gemeinsamen Tempos sowie die Fähigkeit, sich stets neu zu orientieren und sich jedem Detail anzupassen.

Bei der Aufstellung der Schüler im ersten Studienjahr geht der Pädagoge von den Größenverhältnissen der Partner aus, da in dieser Periode die Par-terre-Technik gelehrt wird. Im zweiten und dritten Studienjahr müssen die Paare besonders sorgfältig zusammengestellt werden, weil sich bei jedem Schüler neben der Entwicklung der physischen Möglichkeiten zugleich individuelle Fähigkeiten und Fertigkeiten, wie Gewandtheit, Feinfühligkeit usw. herausbilden. Der Grad der Beherrschung der Pas-de-deux-Technik hängt unmittelbar davon ab.

In der Unterrichtspraxis hat sich folgende Zusammenstellung als günstig erwiesen: Wenn eine gute Schülerin mit einem schwächeren Schüler (oder umgekehrt) zusammenarbeitet, ergänzen und helfen sie sich gegenseitig. Das soll allerdings die Zusammenstellung von guten Schülern nicht ausschließen. Das erste Jahr ist besonders schwer für die Partnerin, da die Bewegungen in einem sehr langsamen Tempo erlernt werden und das Standbein auf Spitze schnell ermüdet. Deshalb soll die tänzerische Kombination kurz sein und die physische Belastung der Schülerin gleichmäßig auf beide Beine verteilt werden. Die Übungen sollten nicht mehr als zwei- bis dreimal hintereinander wiederholt werden. In einer Unterrichtsstunde (neunzig Minuten) kann man sehr gut drei bis vier Adagios (je 16 Takte), zwei bis drei Sprungkombinationen im Allegro und eine Kombination unterbringen, die verschiedene Formen des pas balancé, pas de basque, pas chassé enthält. Von den ersten Stunden an ist unbedingt auf die einwandfreie Haltung des Partners zu achten. Seine Posen sollen harmonisch die Posen und Haltungen der Partnerin ergänzen. Sie sollen plastisch und ausdrucksvoll sein. Man muss erreichen, dass sich die Arme und Hände des Partners während jeder beliebigen Führung plastisch und ohne Hast und Hektik bewegen. Es empfiehlt sich, den Pas-de-deux-Unterricht zwei Wochen nach Beginn des Schuljahres einsetzen zu lassen, da sonst die Füße der Schülerinnen noch nicht genügend für die Aufgaben auf der Spitze vorbereitet sind. Vor Unterrichtsbeginn ist ein kurzes Eintrainieren erforderlich, da sonst die Schüler, die oft nach Theoriefächern in die Pas-de-deux-Stunde kommen, mit kalten Muskeln und Bändern arbeiten müssten.

Einige Übungen des klassischen Exercice (relevé auf Spitze, port de bras usw.) bereiten die Schüler auf den Pas-de-deux-Unterricht vor; der Zeitaufwand sollte sich dafür auf etwa fünf bis sieben Minuten beschränken. Dieses Eintrainieren erfolgt mit musikalischer Begleitung, da auf diese Weise die innere Sammlung des Schülers unterstützt wird. Die Aufteilung der physischen Belastung der Schüler innerhalb der Stunde hängt in der Hauptsache vom Pädagogen ab. A. J. Waganowa äußert sich zu diesem Problem folgendermaßen:

»Wenn sich in einer bestimmten Klasse oder Gruppe von Tänzern Übermüdungs- oder Überlastungserscheinungen bemerkbar machen, wenn ich weiß, dass sie mit Arbeit überhäuft sind, erleichtere ich die Kombinationen etwa ein bis zwei Wochen lang innerhalb des Unterrichts und führe die Schüler sehr vorsichtig. Normalisiert sich die Situation wieder, sind Energie und Leistungsbereitschaft gewachsen, oder fühlt man die Möglichkeit zu größerer Anspannung, dann werden die Stunden wieder voll genutzt, und innerhalb kurzer Zeitabschnitte wird der Schwierigkeitsgrad wieder erhöht. Mit einem Wort, man muss sehr aufmerksam die Arbeitsbedingungen prüfen, um nicht den Nutzen einer Stunde in das Gegenteil zu verkehren. Wenn ich unter dem Zwang eines Programms stehe, so möchte ich es nicht nur erfüllen, sondern übererfüllen; trotzdem ist es aber meine Pflicht, die Belastbarkeit meiner Schüler und allgemeine Normen und Erfahrungen der pädagogischen Arbeit zu beachten.«

Es ist nicht unbedingt erforderlich, die Kombination der vorangegangenen Stunde zu wiederholen, wie es auch nicht nötig ist, die Bewegungen in einer bestimmten Reihenfolge auswendig lernen zu lassen; wohl aber, die Schüler jedes Mal vor neue Bedingungen zu stellen (manchmal sogar vor besonders unbequeme), um das Gefühl der Wendigkeit und Geschicklichkeit zu entwickeln und die Fähigkeit der Anpassung an die unterschiedlichsten Situationen zu erziehen. Eine von einem anderen Pädagogen übernommene Etüde kann man in der Klasse nur anwenden, wenn man genau die allgemeine Vorbereitung der Schüler dafür berücksichtigt. Man sollte eine Kombination maximal zweimal zeigen, um beim Schüler die Konzentrationsfähigkeit und eine schnelle Auffassungsgabe zu fördern. Ausgehend vom Alter der Schüler, sollte der Pädagoge beim Erlernen der Hebungen die Unterrichtsstunde mit solchen einfachen Übungen beginnen, die der Stabilisierung und Formierung der physischen Kräfte besonders des jungen Schülers dienen. Schülerinnen, deren Gewicht mehr als 50 Kilogramm beträgt, sollte man nicht zu schwierigen Hebungen und Würfen zulassen.

Im dritten Jahr ist es unbedingt erforderlich, mindestens einmal im Monat die Pas-de-deux-Stunde im Tutu durchzuführen. Das ist beim Erlernen von Teilen aus Balletten des klassischen Erbes unumgänglich, da das Kostüm vom Partner eine bestimmte Technik und eine besondere Aufmerksamkeit verlangt. Im Unterricht und auf der Bühne dürfen die Schüler weder Sicherheitsnadeln noch andere scharfe Gegenstände an der Kleidung tragen, da dies zu Verletzungen führen kann. Es ist sehr nützlich, im Absolventenjahr einem Schüler die Führung der Stunde anzuvertrauen. Unter unmittelbarer Beobachtung des Pädagogen empfindet er die Verpflichtung und Verantwortung des Lehrers, lernt er, Kombinationen in logischer Bewegungsfolge zu entwickeln und die Fehler der Schüler zu korrigieren. Vorher ausgewähltes Notenmaterial gibt dem Pädagogen die Möglichkeit, Etüden bereits als Vorbereitung auf die Stunde entsprechend der musikalischen Vorlage zusammenzustellen. Improvisierte Musik ist für das Erlernen der verschiedensten Exercice-Etüden besonders geeignet. Die musikalischen Tempi und der Rhythmus werden vom Pädagogen bestimmt. Von Jahr zu Jahr ist die Musik anspruchsvoller zu gestalten. Der Schwierigkeitsgrad hängt vom Grad der Vorbereitung und Leistungsfähigkeit der Schüler ab. Voreiliges Anziehen der Tempi bringt den Schülern eher Schaden als Nutzen.

I. Teil

Regeln des Pas de deux par terre

Im Pas de deux par terre gibt es drei Grundformen für das Halten der Partnerin:

mit beiden Händen an der Taille
mit beiden Händen an den Händen
mit einer Hand an der Hand oder an der Taille.

Diese Grundformen können außerdem variiert werden. Man lehrt diese Formen in statischen Haltungen beim Wechsel von Posen über passé, grand rond de jambe usw., beim Übergang von einer Pose in eine andere Pose mit Hilfe von Verbindungs- und Hilfsbewegungen, bei Wendungen, Drehungen, Führungen, Pirouetten, Neigungen, port de bras und beim Zurückkehren der Partnerin in die Ausgangspose oder in eine andere Pose. Der Partner muss den Aplomb (Gleichgewicht) der Partnerin auf Spitze sowohl bei Posen als auch bei bestimmten Übergängen fühlen. Das ist seine Grundaufgabe beim Erlernen des Pas de deux par terre. Im I. Teil machen wir uns mit den Grundregeln des Pas de deux par terre bekannt, denen besondere Aufmerksamkeit zu widmen ist, da es das Erlernen der Hebungen und Würfe erleichtert. Beim Zusammenstellen der Kombinationen sollte der Pädagoge möglichst unterschiedliche Varianten der Bewegungsverbindungen anwenden, damit sich der Partner die notwendige Souveränität im Paartanz aneignet.

Haltungen mit beiden Händen an der Taille

Beim Halten der Partnerin mit beiden Händen an der Taille steht der Partner in den meisten Fällen hinter ihr.* Diese Aufstellung ist die leichteste und damit für den Beginn sehr geeignet. Seine Hände umfassen ihre Taille auf der Gürtellinie: Die Daumen liegen auf den langen Muskeln des Rückens, die Handflächen werden fest an die Taille gedrückt, die Ellenbogen leicht nach unten gehalten. Die Beine stehen in einer bedingten II. Position, das heißt nicht zu sehr auswärts (siehe Abbildung 2). Übermäßige Anspannung der Armmuskeln und Verkrampfung der Finger des Partners behindern den Stand der Partnerin und engen ihre Bewegung ein. Von den ersten Stunden an ist es notwendig, darauf zu achten, dass die Partnerin nicht selbstständig ihren Gleichgewichtspunkt sucht, indem sie mit dem Oberkörper balanciert oder durch Sprünge auf der Spitze ihren neuen Standpunkt sucht. Auf diese Weise erschwert sie die Aufgabe des Partners. Das Gleichgewicht der Partnerin in einer Pose überprüft man, indem man sie für einen kurzen Augenblick allein stehen lässt. Wenn sie dabei den Stand behalten kann, bedeutet es, dass der Partner sie richtig gehalten hat. Die Regel für diese Überprüfung des Standes erläutert man in den ersten Stunden.

* Diese Aufstellung im Saal wird vom räumlichen Verhältnis der Partner zueinander, unabhängig vom Zuschauer, bestimmt. Der Raum wird in 8 Richtpunkte geteilt (siehe Abbildung 1). So bedeutet zum Beispiel die Formulierung »der Partner steht hinter ihr«, dass der Partner genau hinter ihrem Rücken steht, unabhängig von der Raumbeziehung ihrer Pose.

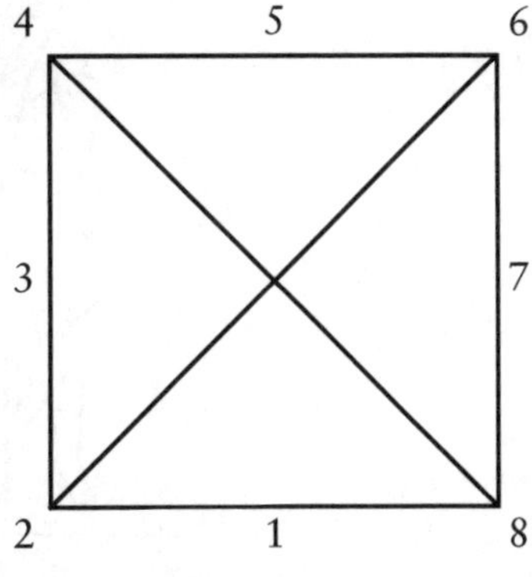

Abb. 1 Raumdiagramm

Abb. 2
Relevé in der V. Position (épaulement und Profil) und die Haltung des Partners hinter der Partnerin

Relevé aus der V. Position auf beide Beine und auf ein Bein

Relevé auf Spitze lehrt man anfänglich im langsamen Tempo, damit der Partner die Partnerin wirklich über den Schwerpunkt stellen und sie bei relevé auf Spitze auf einem Bein unterstützen kann. Das Gleiche gilt auch für den umgekehrten Vorgang ins demi-plié, wobei jedes Mal die richtige Gewichtsverlagerung ihres Körpers zu berücksichtigen ist. Vor dem relevé der Partnerin führt der Partner gleichzeitig mit ihr ein leichtes demi-plié aus.

Abb. 3
Relevé auf einem Bein. Abweichung von der Senkrechten

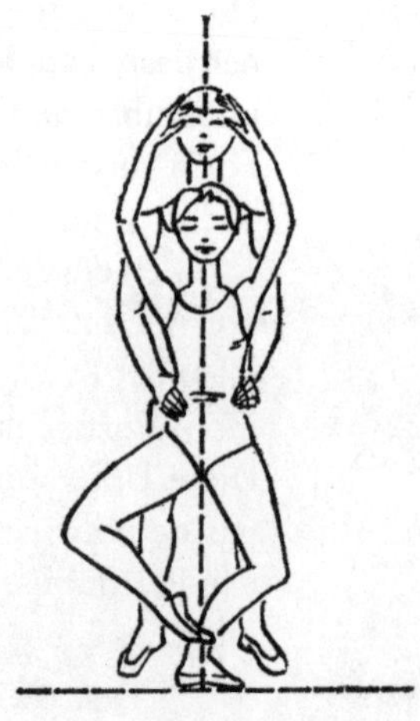

Abb. 4
Übergang ins demi-plié

Während des relevé auf Spitze in der V. Position hält er sie mit beiden Händen an der Taille und hilft ihr, die richtige Achse zu finden. Beim relevé auf Spitze aus der V. Position auf ein Bein – das andere wird sur le cou-de-pied angelegt – hebt der Partner den Oberkörper der Partnerin etwas an, um ihr die Gewichtsverlagerung von zwei Beinen auf ein Bein zu erleichtern (siehe Abbildung 3). Anschließend soll die Partnerin nicht allein das demi-plié ausführen, sondern warten, bis der Partner beginnt, ihr Körpergewicht von der Spitze in die Richtung zu verlagern, in die sie die Standbeinferse absetzt (siehe Abbildung 4).

Verbindungs- und Hilfsbewegungen – pas glissade, pas balancé

Alle Verbindungs- und Hilfsbewegungen des Klassischen Tanzes, wie der einfache »Schritt«, pas de bourrée (mit und ohne Wechsel der Beine und en tournant), pas couru, flic-flac (einfach und en tournant), pas chassé finden im Paartanz ebenso Verwendung. Anfangs lehrt man sie als eigenständige Bewegung, später schließt man sie in tänzerische Kombinationen mit ein. Beim Erlernen der Verbindungs- und Hilfsbewegungen eignet sich der Partner die Fähigkeit an, der Partnerin das Gleichgewicht zu erhalten und sie rechtzeitig bei Wendungen, Drehungen und bei Übergängen ins demi-plié zu unterstützen. Bei der Fassung mit beiden Händen an der Taille für Verbindungs- und Hilfsbewegungen befindet sich der Partner hinter oder neben der Partnerin. Im pas de bourrée verlagert der Partner das Gewicht der Partnerin von einem Bein auf das andere und führt selbst die gleiche Bewegung in sehr vereinfachter Form aus. Beim Herunterlassen verlagert er das Körpergewicht von der Fußspitze auf den ganzen Fuß. Diese Bewegung ist in einem sehr langsamen Tempo zu erlernen. Beim pas de bourrée mit Wechsel der Position wechselt auch das épaulement der Partnerin. Der Partner unterstützt sie dabei, indem er ihren Körper ganz leicht in die erforderliche Richtung wendet. Diese Unterstützung des Partners ist genauso notwendig bei pas de bourrée en tournant und flic-flac en tournant. Er gibt der Partnerin einen leichten Abdruck in Richtung der Wendung, wobei er zuvor die Hände auf der Gürtellinie etwas in entgegengesetzter Drehrichtung verlagert; nach vollendeter

Drehung oder Wendung hält er sie in der geforderten Pose oder Haltung. (Genauere Beschreibung siehe unter »Wendungen«.) Die Fähigkeit der synchronen Fortbewegungen erlernt man mit den Verbindungsbewegungen wie pas couru, pas chassé in die verschiedensten Raumrichtungen und auf der Kreislinie. Beim pas couru und pas chassé soll sich der Partner gleichzeitig mit der Partnerin im einfachen Schritt oder in der parallelen Bewegung von ihr im genau vorgeschriebenen Abstand bewegen.

Das passé ist eine Hilfsbewegung. Das Prinzip der Unterstützung beim passé ist das gleiche wie bei développé und grand rond de jambe.

Pas balancé und pas glissade sind verbindende Elemente innerhalb tänzerischer Kombinationen. Sie werden in alle Raumrichtungen erlernt, mit und ohne Wechseln der Positionen. Wenn die Partnerin pas balancé oder pas glissade um den Partner ausführt, dreht er sich um seine eigene Achse oder bleibt unbeweglich stehen. Im ersten Fall hält er sie die ganze Zeit fest, im zweiten Fall lässt er sie los und unterstützt sie erst wieder, wenn sie um ihn herumgekommen ist und die erforderliche Endpose eingenommen hat.

Pas glissade und pas balancé lehrt man auch als Anlauf zum Partner. Wenn der Partner auf seinem Platz steht und die Partnerin ihr glissade ausführt, muss sie ihre Bewegung räumlich so berechnen, dass die nachfolgende Haltung oder Hebung in einem bequemen Abstand zueinander ausgeführt werden kann. Wenn beide gleichzeitig eine solche Bewegung ausführen, um zueinander zu gelangen, müssen sie auf dieselbe Weise den Anlauf berechnen, um am Ende einen richtigen Abstand zueinander zu erhalten. Wird der pas glissade als Anlauf für einen Sprung der Partnerin genutzt, soll der Partner sich hinter ihr befinden und noch vor Beginn der Bewegung sich um die Hälfte seiner Körperbreite in die Richtung des Sprunges der Partnerin mitbewegen. Er muss sein Bewegungstempo so einrichten, dass er sich im Moment des Abdruckes genau hinter der Partnerin befindet.

Développé, passé, grand rond de jambe, grand port de bras

Bei développé in beliebige Raumrichtungen auf 45° oder 90° verlagert der Partner den Körper der Partnerin in die dem Spielbein entgegengesetzte Seite, bis sich der Körper im Gleichgewicht befindet. Beim Absetzen des Spielbeines wird der Körper wieder in die Ausgangshaltung zurückgeführt (siehe Abbildung 5).

Abb. 5 Développé nach vorn auf 90° (Profil). Abweichung von der Senkrechten

Zum Beispiel: Die Partnerin steht in der V. Position, rechtes Bein vorn, en face; die Arme sind in der vorbereitenden Haltung. Der Partner steht hinter ihr und hält sie mit beiden Händen an der Taille. Sie führt demi-plié aus, danach relevé auf Spitze, dabei muss die V. Position exakt erhalten bleiben. Anschließend développé mit dem rechten Bein nach vorn; davor, also noch in der V. Position, verlagert der Partner allmählich den Schwerpunkt des Gewichtes der Partnerin auf das Standbein, das heißt zu sich heran. Wenn die Partnerin diese Schwerpunktverlagerung spürt, kann sie mit dem développé vor beginnen. Der Partner setzt die Schwerpunktverlagerung bis zum Ende des développé fort, ständig auf das Gleichgewicht der Partnerin achtend. Beim Senken des Beines in die Ausgangsposition vollzieht sich die Verlagerung des Schwerpunktes in umgekehrter Reihenfolge. Die Bewegung wird durch ein gleichzeitiges demi-plié auf beiden Beinen beendet.

Beim développé passé verfährt der Partner nach dem glei-

Abb. 6
Die vier arabesques mit beiden Händen an der Taille

Anmerkung
Um die Beschreibungen zu verkürzen, weisen wir darauf hin, dass alle Bewegungen vom rechten Bein und zur rechten Seite beginnen. Gelehrt werden müssen sie jedoch auch vom linken Bein und zur linken Seite. Auf Bewegungen, die nur in eine Richtung gelehrt werden, wird gesondert hingewiesen.

chen Prinzip: Wenn die Partnerin das Spielbein anwinkelt, verlagert der Partner ihr Gewicht auf das Standbein, bis das Gleichgewicht wieder hergestellt ist.

Beim grand rond de jambe hilft der Partner der Partnerin, ihren Stand zu erhalten, indem er ihren Körper in die Richtung verlagert, die dem Spielbein entgegengesetzt ist. Im klassischen Pas de deux gibt es solche Formen des grand port de bras (die Partnerin steht mit einem Bein auf Spitze), die dic Partnerin ohne Partner nicht ausführen könnte. Zum Beispiel: Die Partnerin steht auf dem rechten Bein in der 1. arabesque, der Partner steht hinter ihr und hält sie mit beiden Händen an der Taille. Jetzt führt die Partnerin ein grand port de bras vor aus. Er verlagert ihren Schwerpunkt in Richtung des Spielbeines und erleichtert ihr dadurch die Ausführung des grand port de bras. In der zweiten Phase des Aufrichtens vollzieht sich die Verlagerung des Schwerpunktes in umgekehrter Richtung, also wieder über die Spitze des rechten Beines der Partnerin bis zum absoluten Erreichen des Gleichgewichtes.

Kleine und große Posen

Das Halten der Partnerin in kleinen und großen Posen wird in statischen Haltungen und mit verschiedenen Ansätzen gelehrt. Zum Beispiel: Beide Partner führen gleichzeitig einen Schritt zur Seite aus; oder sie führt einen Schritt auf ihn zu aus, während er am Platz stehen bleibt; oder beide gehen mit einem

Schritt aufeinander zu. Nach jedem beliebigen Ansatz nimmt die Partnerin die Pose ein. Der Partner muss die Partnerin in allen Arten von Posen halten können, indem er hinter, neben oder vor ihr steht. Später lehrt man kleine und große Posen so, dass der Partner die Partnerin mit beiden Händen an den Armen oder sie nur mit einer Hand gefasst hält. Wenn der Schrittkombination andere Bewegungsfolgen vorausgehen, können diese auch ohne Unterstützung durch den Partner ausgeführt werden. Während einer solchen Bewegung, die auch manchmal die Form einer ganzen Kombination annehmen kann, bewegt sich der Partner zusammen mit der Partnerin, und nur unmittelbar vor dem Schritt zur Pose ergreift er sie, um ihr beim Stand auf der Spitze zu helfen. Wenn die Partne-

Abb. 7
Attitude croisée und effacée mit beiden Händen an der Taille

Abb. 8
Pose écartée vor und rück mit beiden Händen an der Taille

rin mit einem Anlauf auf den Partner zukommt, muss sie selbst ihren Ansatz und den letzten Schritt so berechnen, dass sie die Pose in dem notwendigen Abstand zum Partner einnehmen kann. Bewegen sich beide Partner aufeinander zu, gilt die Berechnung der Entfernung bis zum Schritt in die gewünschte Pose für beide. Beim Erlernen muss der Partner alle Haltungen sehr bewusst gestalten und darf sie auf keinen Fall mechanisch ausführen. Er muss darauf achten, dass seine Posen sich mit denen der Partnerin harmonisch ergänzen und verbinden. Eine richtige Ausführung der Pas-de-deux-Technik muss unbedingt mit der Plastik der Posen und ihrer szenischen Form zusam-

Abb. 9
Pose croisée und effacée vor mit beiden Händen an der Taille

menfließen. Die Kombination temps lié auf 90° ist sehr nützlich für den Pas-de-deux-Unterricht. Diese Kombination schließt die unterschiedlichsten Übergänge von Posen ins demi-plié und aus dem demi-plié in Posen ein und fordert außerdem eine synchrone Bewegung beider Partner (siehe Abbildungen 6-9).

Wendungen

Unter Wendungen im Pas de deux versteht man die verschiedensten Formen der Wendungen und Drehungen der Tänzerin auf Spitze, auf einem Bein oder auf beiden Beinen, wobei der Tänzer die Partnerin dreht und selbst am Platz steht. Anfangs werden die Wendungen im langsamen Tempo gelehrt, damit der Partner lernt, das Gleichgewicht der Partnerin während der Wendungen zu halten. Eine ganze Wendung nennt man die Wendung um 360°. Nicht vollständige Wendung ist eine viertel, halbe oder auch dreiviertel Wendung. In den unvollständigen Wendungen in der V. Position, aber auch in Wendungen vom Typ battement soutenu auf Spitze steht der Partner hinter der Partnerin und hält sie mit beiden Händen an der Taille. Während des demiplié der Partnerin, noch vor Beginn der Wendung, schiebt der Partner seine Hände auf der Gürtellinie in die der Wendung entgegengesetzte Richtung und gibt einen leichten Abstoß in die Drehrichtung (siehe Abbildung 10).

Bevor sie diesen Abstoß nicht spürt, darf sie nicht drehen. In

Abb. 10 Ausgangshaltung vor der Wendung en dedans

den Fällen, in denen die Wendung ohne Vorbereitung mit demi-plié auszuführen ist, wartet sie ebenfalls so lange, bis der Partner seine Hände auf der Gürtellinie verschiebt und einen Abstoß zur Wendung ausführt. Bei einer Wendung über rechts verlagern sich die rechte Hand des Partners ein wenig nach vorn und die linke nach rück in Richtung Wirbelsäule. Dann dreht der Partner langsam die Partnerin, diesen Wechsel der Hände ständig wiederholend, und hält sie am Ende in der angegebenen Pose. Die Wendung der Partnerin muss gleichmäßig, fließend, ohne ruckartige Bewegungen ausgeführt werden. Danach lehrt man die unvollständige und die vollständige Wendung, bei der die Partnerin die Ausgangspose über passé oder grand rond de jambe oder andere Bewegungen verändert. Nach solchen Wendungen muss der Partner für sich eine bequeme Haltung finden, indem er entweder einen Schritt beziehungsweise einen Ausfallschritt seitwärts, rückwärts oder vorwärts ausführt, in Abhängigkeit von der Pose der Partnerin.

Zum Beispiel: Die Partnerin steht auf dem linken Bein, ihr rechtes Bein wird à la seconde 90° gehalten, ihre Arme sind in der 2. Position. Der Partner steht hinter ihr, die Hände liegen an der Taille. Er verändert ein wenig die Hände auf der Gürtellinie, die rechte Hand zurück, die linke etwas nach vorn, und beginnt langsam die Partnerin über links zu drehen. Zu Beginn der Wendung führt die Partnerin passé mit dem rechten Bein aus und erhebt beide Arme in die 3. Position. In dem Moment, wo sie sich mit dem Gesicht zu Punkt 2 befindet, nimmt sie Pose attitude croisée ein. Der Partner macht in die-

Abb. 11 Wendung aus der Haltung à la seconde 90° in Pose attitude croisée

Abb. 12
Pose à la seconde 90° mit dem Gesicht zum Partner

sem Augenblick einen Schritt beziehungsweise einen Ausfallschritt zu Punkt 2, je nach der Aufgabenstellung (siehe Abbildung 11).

Das Erlernen der Posen mit einem Schritt als Ansatz (siehe Kapitel »Kleine und große Posen«) ist mit den unvollständigen Wendungen zu verbinden. Zum Beispiel: Die Partnerin steht in der V. Position en face, rechtes Bein vorn. Der Partner steht einen Schritt rechts neben ihr. Sie macht einen Schritt mit dem rechten Bein zur Seite, und gleichzeitig führt sie auf der Spitze des rechten Beines eine halbe Wendung aus, sodass ihr Gesicht zum Partner gewendet ist. Das linke Bein führt in diesem Augenblick ein développé à la seconde 90° aus. Beide Arme erheben sich dabei in die 3. Position. Der Partner unterstützt sie dabei mit beiden Händen an der Taille und hält sie im Gleichgewicht (siehe Abbildung 12).

Andere Formen von Wendungen

Im Pas de deux existiert eine Art von Wendungen, bei der der Partner nach einer Verschiebung der Hände auf der Taille durch einen scharfen Abstoß die Partnerin wendet, etwa wie die Force* bei Pirouetten. Solche Wendungen sind die unvollständigen Wendungen à la seconde 90°, grand fouetté, grand fouetté en tournant.

* Force – Kraft, Kraftreserve. Dieser Terminus wird ausführlich im Buch »Die Grundlagen des Klassischen Tanzes« von A. J. Waganowa erläutert.

Zum Beispiel: Die Partnerin steht en face auf dem linken Bein, das rechte 90° à la seconde, Arme in der 2. Position. Der

Partner steht hinter ihr und hält sie mit beiden Händen an der Taille. Er verschiebt seine rechte Hand rückwärts, die linke vorwärts, und mit einer scharfen Bewegung gibt er der Partnerin einen Abstoß, die Drehforce nach links (en dedans), und lässt dabei die Hände an der Taille. In der Drehung gehen die Arme der Partnerin in die 3. Position, das Spielbein bleibt à la seconde 90°, bis die Fußspitze des Spielbeines und die rechte Schulter den Punkt 6 erreicht haben; danach führt die Partnerin selbstständig die Wendung bis zur Pose attitude croisée aus. Der Partner hält sie in dieser Pose an und führt dabei gleichzeitig einen Ausfallschritt nach Punkt 2 aus. In allen Formen des grand fouetté en tournant en dehors und en dedans wendet der Partner dieselbe Regel der Pas-de-deux-Technik an, wie sie bei der unvollständigen Wendung der Partnerin à la seconde 90° erläutert wurde; gleichgültig, ob die Wendung mit oder ohne Übergang vom relevé ins demi-plié ausgeführt wird.

Alle Formen der Wendungen werden in folgenden Haltungen erlernt: Die Partner stehen nebeneinander, voreinander, oder der Partner kniet auf einem Knie oder auf beiden Knien. Beim Erlernen der Wendungen empfiehlt es sich, die Kombinationen nicht mit zu schwierigen Haltungen zu überlasten und immer vom realen Leistungsstand der Schüler in dieser Disziplin auszugehen. Eine übermäßige Variierung erschwert die Aneignung des Stoffes.

Führungen (tour lent)

Bei einer Führung geht der Partner im Kreis um die Partnerin und dreht sie dabei mit. Sie steht auf einem Bein in der angegebenen Pose und wird vom Partner an der Taille oder an den Händen gehalten. Bei Führungen in kleinen und großen Posen, bei denen der Partner die Partnerin mit beiden Händen an der Taille hält, geht er einen Kreis, dessen Mittelpunkt die Fußspitze ihres Standbeines ist. Bei einer Führung über rechts unternimmt der Partner den ersten Schritt mit dem linken Bein, dann stellt er den rechten Fuß zur Ferse des linken Fußes; bei der Führung über links vollzieht sich das Ganze in umgekehrter Weise. Die Schritte werden auf der Kreislinie ohne seitliche Abweichungen ausgeführt. Die Partnerin unterstützt den Partner bei der Führung, indem sie die Ferse des Standbeines aktiv in Drehrichtung mitdreht. Das Erlernen der Führungen beginnt im langsamen Tempo. Anfangs verändert die Partnerin die Ausgangspose nicht. In der weiteren Entwicklung lehrt man Führungen auch mit Veränderung der Pose über passé oder grand rond de jambe und anderen Bewegungen. Nachdem die Grundregeln der Führung (tour lent) erlernt worden sind, ist es erforderlich, zu komplizierteren Formen überzugehen. Der Partner bewegt sich jetzt mit normalen Gehschritten auf dem Kreis; er befindet sich jetzt nicht mehr hinter der Partnerin, sondern entweder neben ihr oder mit dem Gesicht zu ihr. Wenn der Partner neben der Partnerin steht, läuft er rückwärts auf der Kreislinie.

Pirouetten

Vor dem Erlernen der Pirouetten mit Partner müssen die allgemeinen Regeln erklärt und die Vorbereitungen der Pirouetten (préparation) erlernt werden.

Die Partnerin muss wissen, dass bei den Pirouetten mit Partner die gleichen Regeln einzuhalten sind wie auch bei denen ohne Partner; nur unter dieser Voraussetzung kann der Partner die Drehungen der Partnerin unterstützen und die Anzahl erhöhen. Im Unterrichtsprozess wird das Gefühl des gemeinsamen Tempos der Partner erarbeitet, wozu die verschiedenen Arten von préparation beitragen.

Bei jenen Übungen, in denen die Drehung nicht vorhanden ist, hat der Partner die verschiedenen Verlagerungen des Körpergewichts, die verschiedenen Übergänge ins demi-plié vor beziehungsweise nach der Drehung zu erlernen und auf die Drehachse der Partnerin und den richtigen Abstand zur Partnerin in dem Augenblick zu achten, wenn sie Force für die Drehung nimmt. Der Pädagoge achtet darauf, dass die Harmonie der Pose nicht zerstört wird. Ohne das Erlernen der Vorbereitungen zu den Pirouetten wird der Partner nicht in der Lage sein, der Partnerin während der Drehung zu helfen und die Zahl ihrer Pirouetten zu erhöhen.

Beispiel: préparation vor der Pirouette aus der IV. Position en dehors. Die Partnerin steht in der V. Position, rechtes Bein vorn, die Arme in der vorbereitenden Haltung. Der Partner steht hinter ihr und hält sie mit beiden Händen an der Taille.

Abb. 13 Préparation für Pirouetten aus der IV. Position und im Moment der Drehung

Sie führt ein demi-plié aus, dann relevé auf die Spitze des linken Beines (das rechte Bein sur le cou-de-pied vor), die Arme sind in der 1. Position. Dann verlagert der Partner das Körpergewicht der Partnerin von einem Bein auf beide Beine, wobei er ihren Körper etwas zurückzieht und gleichzeitig sein rechtes Bein zurücksetzt. Erst danach kommt die Partnerin in die IV. Position (der rechte Arm nimmt die 1. Position ein, der linke die 2., die Handflächen sind nach unten gerichtet; siehe Abbildung 13).

Dann setzt die Partnerin zur Drehung an, geht auf die Spitze des linken Beines (das rechte Bein wird schnell sur le cou-de-pied vor angelegt) und führt gleichzeitig den linken Arm schnell in die 1. Position. Der Partner verlagert das Körpergewicht der Partnerin von beiden Beinen auf ein Bein, wobei er ihren Oberkörper leicht nach vorn schiebt (siehe Abbildung 13).

Diese Vorübung zu Pirouetten beendet die Partnerin in einer vom Pädagogen angegebenen großen oder kleinen Pose.

Préparation vor den Pirouetten aus der IV. und aus der V. Position en dehors und en dedans wird zuerst en face im sehr langsamen Tempo gelehrt und später épaulement, das heißt zu Punkt 2 oder 8. Unabhängig von der Art der Pirouetten mit Partner müssen die Arme der Partnerin bereits beim Erlernen dieser Drehungen im Moment der Drehung folgende Haltungen einnehmen:

bedingte 1. Position (das heißt, die Unterarme liegen voreinander);

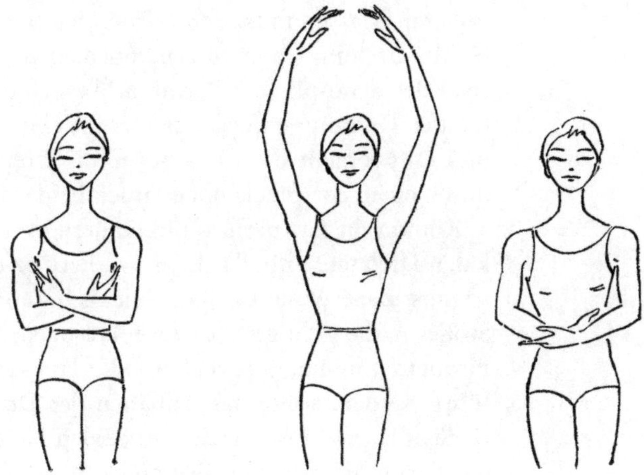

Abb. 14
Drei Haltungen der Arme der Partnerin während der Drehung

bedingte 3. Position. In diesem Falle werden die Arme genau über den Kopf gehoben, ohne Abweichung nach vor oder rück, sodass eine imaginäre Linie, die Drehachse, genau durch die Mitte der sich drehenden Figur verläuft. Die Arme können auch auf der Brust gekreuzt oder fest an den Rumpf gedrückt werden, um den Partner nicht zu berühren. Diese Form wird oft in der Bühnenpraxis angewandt (siehe Abbildung 14).

Die grundsätzlichen Aufgaben des Partners während der Pirouetten bestehen in Folgendem:

Beim Ansatz beziehungsweise bei der Vorbereitung der Partnerin für die Pirouetten verlagert der Partner das Zentrum ihres Körpergewichts und hilft ihr, die richtige und bequeme Haltung zu finden, die für den Abstoß, die Force, zur Drehung notwendig ist.

Während der Drehung bestimmt der Partner in entscheidendem Maße den Aplomb der Partnerin; weicht sie von der vertikalen Drehachse ab, so bringt er sie in die richtige Lage zurück.

Beim Anhalten der Partnerin in der angegebenen Pose hat der Partner darauf zu achten, dass die räumliche Harmonie und Richtung der Endpose eingehalten wird. In der Bühnenform der Pirouetten darf das Spielbein der Partnerin nicht in der Haftung sur le cou-de-pied sein, sondern muss sich etwas über der Mitte des Schienbeines befinden.

Zu Beginn des Lernprozesses sollte die Partnerin nicht mehr als eine Pirouette drehen, auch sollte während der Drehung keine »Hilfe« seitens des Partners zugelassen werden. In den höheren Klassen muss der Partner bei drei und mehr Pirouetten die Drehung unterstützen, indem er vor der Pirouette während des demi-plié der Partnerin die Hände an ihrer Taille in die der Drehung entgegengesetzte Richtung leicht verschiebt und im Moment des Abstoßes in die Drehung die Drehforce durch einen entsprechenden Druck beider Hände verstärkt.

Kommt die Partnerin während der Pirouetten von der vertikalen Drehachse ab, das heißt, verliert sie die Standfestigkeit, so muss der Partner sie augenblicklich mit Hilfe eines leichten Stoßes in die richtige Lage zurückbringen. Je nachdem, ob die Pirouetten in einem schnellen oder langsamen Tempo ausgeführt werden, sollte das Anhalten der Drehung abrupt oder fließend ausgeführt werden. In beiden Fällen hält der Partner die Partnerin genau in der angegebenen Haltung, ohne die räumliche Lage und Harmonie der klassischen Pose zu beeinträchtigen.

Um die Drehung der Partnerin während einer hohen Anzahl von Pirouetten möglichst wenig zu bremsen, dreht der Partner seine Handflächen nach unten und berührt ihre Taille nur mit dem Daumen und Zeigefinger, die einen Halbbogen bilden (siehe Abbildung 15).

Abb. 15
Die Haltung der Hände des Partners an der Taille der Partnerin während der Pirouetten

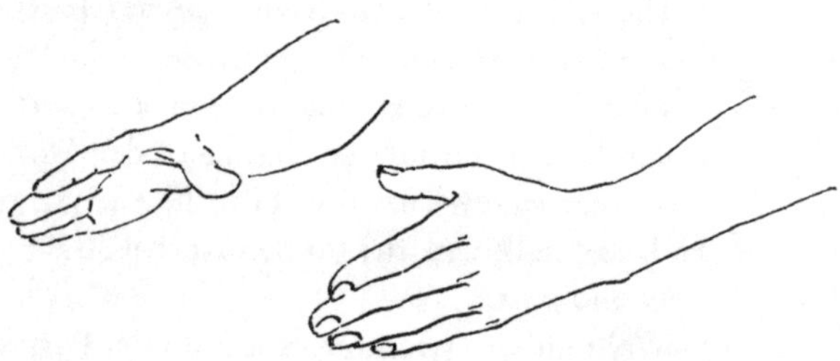

In der Bühnenpraxis, wenn die Partnerin eine hohe Drehungszahl erreicht, sollte die eine Hand auf die Standfestigkeit der Tänzerin »achten«, während die andere Hand durch leichtes Anstoßen die Drehung unterstützt. Diese Hilfe, die der Tänzerin während der Pirouette erwiesen wird, darf nie vordergründig und für den Zuschauer sichtbar sein.

Ansatz und Ausführung der Pirouetten zeichnen sich durch Eigenheiten und Besonderheiten jeder Partnerin aus, zum Beispiel kurzes plié und rascher, kräftiger Abstoß, weiches plié, müder und träger Abstoß, Abweichung von der vertikalen

Drehachse nach vor, nach rück, nach rechts oder nach links. Darum sollte der Partner diese kaum zu bemerkenden Nuancen erfassen und fühlen und in jedem einzelnen Fall seiner Partnerin durch entsprechende Korrekturen helfen, die angegebene Zahl der Pirouetten zu erreichen.

Die Anzahl und Wirkung der Pirouetten im Pas de deux sind in hohem Maße nicht nur von der Begabung und den Fähigkeiten der Partnerin, sondern auch von dem Gefühl des gemeinsamen Tempos sowie vom Geschick des Partners abhängig.

Pirouetten aus der IV. Position

Ansatz und Ausführung der Pirouetten en dehors erfolgen nach dem demi-plié in der IV. Position wie im Pas seul. Während der Pirouette hält der Partner die Partnerin mit den Händen in Höhe der Taille. Die Finger dürfen die Taille kaum berühren und auf der Gürtellinie nicht nach vor oder rück verschoben werden. Der Partner hält die Drehung an, indem er die Finger fest an die Taille der Partnerin presst, jedoch ohne sie dabei zu krümmen oder zu verkrampfen. Die Pirouetten aus der IV. Position müssen mit Abschluss in alle kleinen und großen Posen gelehrt werden.

Pirouetten aus der V. Position

Vorbereitung zur Pirouette aus der V. Position: relevé auf Spitze auf einem Bein, das andere Bein in der Haltung sur le cou-de-pied vor oder rück. Die Pirouetten werden en dehors und en dedans mit Abschluss in kleine und in große Posen gelehrt.

Für den Partner gelten bei den Pirouetten aus der V. Position die gleichen Regeln wie bei denen aus der IV. Position.

Pirouetten en dehors aus Pose croisée

Die Partnerin steht in der Pose croisée auf dem linken Bein, das rechte Bein ist nach vorn auf 45° erhoben und etwas im Knie gebeugt. Rechter Arm in der 1. Position, linker Arm in der 2. Der Partner steht hinter ihr und hält sie mit beiden Händen an der Taille (siehe Abbildung 16).

Danach verschiebt er seine Hände auf der Gürtellinie, die rechte Hand nach vorn, die linke nach rück, und gibt der Partnerin durch einen energischen Druck mit beiden Händen in Drehrichtung die Force für die Drehung (der technische Vorgang erfolgt hier auf ähnliche Weise wie beim Andrehen eines Kreisels mit Hilfe einer Schnur).

Im gleichen Moment nimmt die Partnerin Force zur Pirou-

Abb. 16 Ausgangshaltung vor Pirouetten

ette en dehors. Während der Pirouette lässt der Partner seine Hände an ihrer Taille und achtet auf Einhaltung der allgemeingültigen Regeln.

Im Verlauf des Lernprozesses ist es nützlich, die Pirouette aus Pose croisée mit den Pirouetten aus der IV. Position zu verbinden. Die Pirouetten aus der IV. Position werden à la seconde 90° beendet, danach folgt passé, in Pose croisée vor usw.

Diese Pirouetten aus der Pose croisée werden mit und ohne demi-plié als Ansatz vor der Drehung gelehrt. Im letzteren Falle bleibt die Partnerin während des Schwungnehmens auf der Spitze.

Pirouetten en dedans aus der 1. arabesque

Die Partnerin steht in der 1. arabesque auf dem linken Bein. Der Partner hält sie mit beiden Händen an der Taille. Dann verschiebt er beide Hände auf der Gürtellinie, die rechte Hand nach rück, die linke nach vor, und gibt der Partnerin mit beiden Händen Force für die Drehung, wobei er gleichzeitig ihren Körper in die vertikale Lage bringt. In diesem Moment nimmt die Partnerin Force zur Pirouette en dedans und führt beide Arme in die 3. Position (siehe Abbildung 17).

Dieser Ansatz wird in Verbindung mit folgenden Pirouetten gelehrt:

aus der 3. arabesque (der Partner steht hinter der Partnerin); aus der 4. arabesque (beide stehen sich gegenüber, mit dem Gesicht zueinander); aus der Pose écartée (die Partnerin steht

Abb. 17 Pirouetten en dedans aus der 1. arabesque

auf dem linken Bein in Pose écartée mit dem Rücken zu Punkt 8, der Partner steht mit dem Gesicht zu ihr).

Alle genannten Posen sind Ausgangshaltungen vor den Pirouetten der Partnerin. Die Pirouetten sind en dehors und en dedans, mit und ohne demi-plié als Ansatz zu lehren.

Pirouetten aus einem Schritt, aus tombé, aus préparation dégagé

Im Pas de deux existieren eine Reihe von Pirouetten, die die Partnerin selbstständig ansetzt, während der Partner sie erst während der Drehung zu halten beginnt. Diese Pirouetten werden mit verschiedenen préparations gelehrt.

1. Beispiel

Die Partnerin steht auf dem linken Bein in der 2. arabesque à terre mit dem Gesicht zu Punkt 7. Der Partner steht in der gleichen Pose zwei Schritte hinter ihr. Sie wendet sich ihm zu, macht einen Schritt auf das rechte Bein und beginnt die Pirouette en dehors, indem sie das linke Bein auf Spitze in die V. Position einsetzt (rechtes Bein sur le cou-de-pied) und die Arme gleichzeitig in die 3. Position führt. Der Partner führt seine rechte Hand nach vorn der Partnerin entgegen, die Handfläche ist nach unten gedreht. Beim Ansatz zur Pirouette stützt er die auf ihn zukommende Partnerin und hält sie in der Vertikale. Mit der gesamten Fläche der linken Hand hält er die Partnerin an der Gürtellinie (siehe Abbildung 18).

Abb. 18 Préparation vor Pirouetten mit einem Schritt als Ansatz

2. Beispiel

Tours chaînés der Partnerin auf der Diagonale von Punkt 6 nach Punkt 2. Zwei Schritte vor dem Partner führt sie tombé auf das rechte Bein aus und dann Pirouette en dehors auf dem linken Bein (wie 1. Beispiel). Während der Drehung unterstützt sie der Partner genau wie im 1. Beispiel.

3. Beispiel

Nach einer bestimmten Anzahl tours chaînés führt die Partnerin ein plié auf dem linken Bein aus und setzt die Pirouette en dedans mit einem dégagé auf die Spitze des rechten Beines an.

Große Pirouetten à la seconde 90° aus der IV. Position

Die Partnerin steht in der IV. Position croisée, rechtes Bein vorn, der rechte Arm in der 1. Position, der linke in der 2. Der Partner steht so weit links von ihr, dass sie ihre große Pirouette à la seconde ohne Behinderung ausführen kann (siehe Abbildung 19).

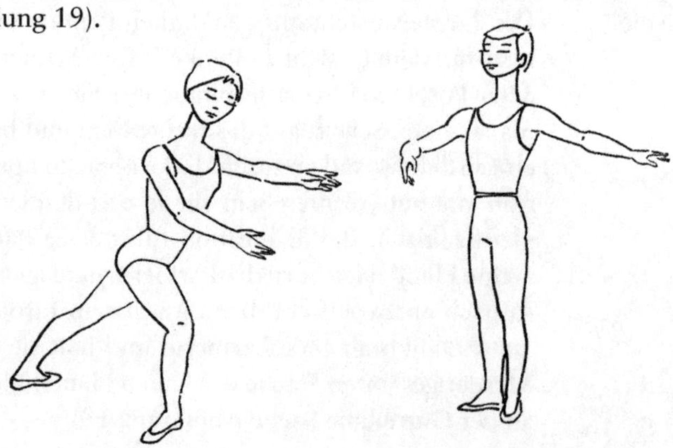

Abb. 19 Ausgangshaltung vor grande pirouette à la seconde 90° en dedans aus der IV. Position

Danach führt die Partnerin Pirouette à la seconde 90° en dedans wie im Pas seul aus und führt die Arme in die 3. Position. Unmittelbar nachdem das Spielbein der Partnerin den Partner passiert hat, macht er einen großen Schritt auf sie zu und hält sie mit beiden Händen an der Taille. Die Pirouetten werden in einer vom Pädagogen bestimmten Pose beendet, in attitude croisée, in der 3. arabesque oder anderen.

Die verschiedenen Arten der Abschlussphasen sollten mit Übergang ins demi-plié und auch ohne demi-plié in Posen auf Spitze gelehrt werden.

Unterstützung und Griffe bei Posen und Haltungen in der Schräglage

Die Partnerin steht in der V. Position auf Spitze, épaulement croisé, rechtes Bein vorn; die Arme in der 3. Position; der Oberkörper ist im Schultergürtel leicht nach rechts geneigt. Der Partner steht hinter ihr und hält sie mit beiden Händen an der Taille. Er setzt seinen linken Fuß dicht an die Fußspitze der Partnerin (an ihre linke Seite). Mit dem rechten Arm umfasst er ihre Taille so, dass ihre rechte Seite in seinem Ellenbogenwinkel liegt. Seine linke Hand legt er fest auf die rechte. Der Partner zieht die Partnerin dicht zu sich heran und führt ein tombé mit dem rechten Bein zur Seite aus. Dabei darf er seinen Oberkörper nicht nach vorn neigen oder die Ausgangshaltung der Partnerin verändern (siehe Abbildung 20).

Abb. 20
Neigen in die Schräglage

Der Partner bringt die Partnerin in die Ausgangshaltung zurück, indem er sich kräftig auf dem rechten Bein nach oben abstößt, ohne dabei die Haltung seines Oberkörpers und seiner Arme zu verändern. Während des »Fallens« muss die Partnerin ihre Ausgangshaltung streng bewahren, das heißt, sie darf den Oberkörper weder nach rechts noch nach links neigen.

Das »Fallen« in den Ellenbogenwinkel in verschiedenen Haltungen und Posen wird entweder mit dem Rücken oder mit dem Gesicht zum Boden gelehrt (siehe Abbildung 21).

Abb. 21
Neigen in die Schräglage (Rücken und Gesicht zum Fußboden)

Fassungen an beiden Händen

Die Armpositionen des Klassischen Tanzes bleiben auch im Pas de deux bestehen. Nur wenn es sich als notwendig erweist, werden die Hände mit den Handflächen entweder nach oben oder nach unten gedreht.

Der Partner kann die Partnerin von oben an der Hand, Handfläche auf Handfläche gelegt, oder am Handgelenk halten.* Wenn der Partner die Partnerin von oben an der Hand hält, legt er seine Handfläche auf ihre Hand, wobei seine abgerundeten Fingerspitzen fest gegen ihre Hand drücken. Diese Fassung wird am leichtesten in folgender Haltung gelehrt: Der Partner steht hinter der Partnerin; ihre Arme sind in der 2. Position (siehe Abbildung 22). Man kann die Hand auch so fassen, dass die Handflächen der Partner ineinander liegen und die Finger jeweils die Hand des anderen fest umspannen (siehe Abbildung 23).

* Gemeint ist der untere Teil des Unterarmes.

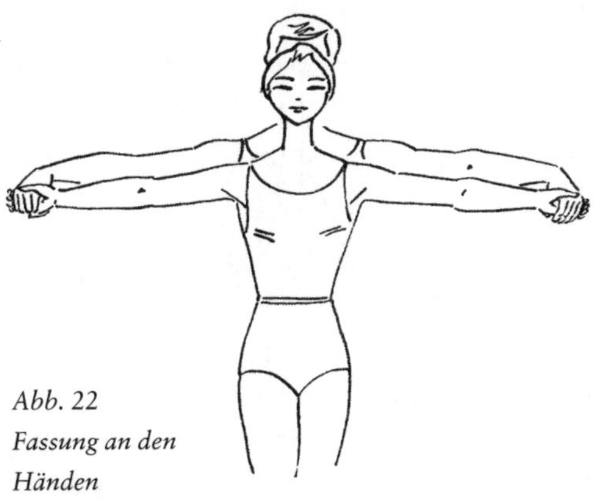

Abb. 22
Fassung an den Händen

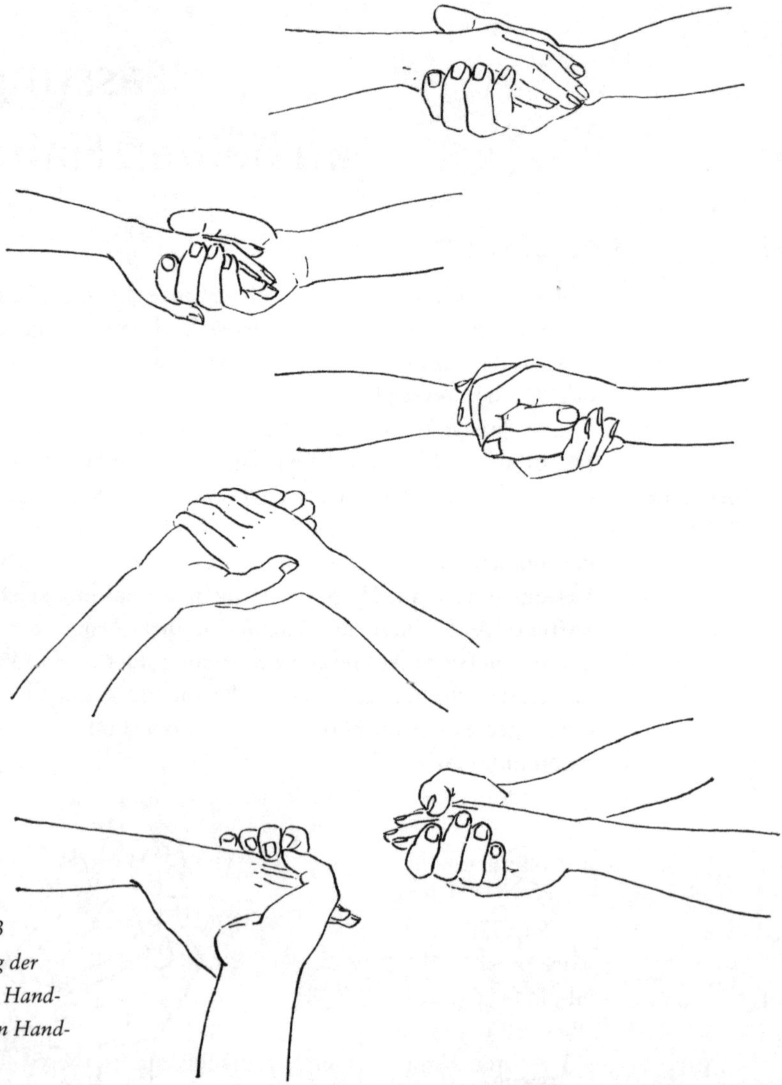

Abb. 23 Fassung der Hände, Handfläche in Handfläche

Bei der Fassung am Handgelenk darf der Partner die Hand der Partnerin nicht berühren (siehe Abbildung 24).

Darüber hinaus existieren noch andere Fassungen, zum Beispiel: Mit der einen Hand hält der Partner seine Partnerin an einer Hand und gleichzeitig mit der anderen Hand an der Taille. Die Partnerin hält sich mit beiden Händen an seinem Arm.

Abb. 24
Fassung an den Handgelenken

Wendungen

Bei unvollständigen Wendungen in der V. Position sowie bei Wendungen in der Art des battement soutenu auf Spitze gibt der Partner den Schwung zur Wendung mit beiden Händen. Die Partnerin führt eine viertel, halbe oder ganze Wendung aus. Danach hält sie der Partner an, indem er sie entweder wieder an den Händen oder an der Taille fasst.

Die gleichen Regeln gelten bei Verbindungsbewegungen wie pas de bourrée en tournant und flic-flac en tournant und auch dann, wenn sie der Partner vor Beginn der Bewegung an beiden Händen hält.

Grundform einer Wendung um 360° mit Fassung an beiden Händen

Die Partnerin steht auf der Spitze des rechten Beines mit dem Rücken zu Punkt 1, das linke Bein in der Haltung sur le cou-de-pied rück; der rechte Arm in der 3. Position, die Handfläche nach unten. Der Partner steht mit dem Gesicht zu ihr. Mit der rechten Hand, deren Handfläche zur Partnerin gerichtet ist, fasst er ihre rechte Hand, Handfläche in Handfläche (siehe Abbildung 25), und mit seiner linken ihre linke Hand. Aus dieser Haltung beginnt die Wendung, während die Arme des Partners drei verschiedene Bewegungen ausführen.

1. Bewegung: Der Partner öffnet den linken Arm zur Seite und dreht dabei die Partnerin mit dem Rücken zu sich. Der rechte Arm bleibt in der 3. Position und sichert die Standfestigkeit der Partnerin.

Abb. 25 Grundform einer Wendung um 360° mit Fassung an beiden Händen

2. Bewegung: Der Partner öffnet zuerst den rechten Arm zur Seite und führt dann den linken Arm in die 3. Position.

3. Bewegung: Der Partner führt den rechten Arm in die 1. Position und dreht die Partnerin mit dem Gesicht zu sich.

Ferse und Hüfte des Standbeines müssen die Wendung durch ein aktives Mitdrehen unterstützen, ohne Auswärtsdrehung und Oberkörperhaltung dabei zu verändern.

Nach dem Anhalten kann die Wendung in umgekehrter Richtung ausgeführt werden. Anfangs werden die Wendungen mit Pausen nach jeder Veränderung der Armpositionen der Partnerin gelehrt. Wenn diese Wendungen gut beherrscht werden, kann man sie ohne Pausen ausführen lassen und den gesamten Vorgang beschleunigen.

Andere Arten von Wendungen

Bei einer unvollständigen Wendung à la seconde 90° und grand fouetté en tournant hält der Partner vor Beginn der Bewegung die Partnerin an beiden Händen; gibt ihr Schwung zur Drehung, führt dann die Hände an ihre Taille und hält sie in der vorgesehenen Pose an.

Fasst der Partner sie nach der Wendung an den Händen, so darf dies erst am Schluss der Wendung erfolgen.

Bei diesen Bewegungen kann der Partner entweder hinter der Partnerin oder mit dem Gesicht zu ihr stehen, wobei er sie von oben an der Hand, Handfläche in Handfläche gelegt, am Handgelenk oder am Ellenbogen hält (im letzten Falle steht der Partner hinter ihr und hält sie mit beiden Händen von unten etwas über dem Ellenbogengelenk).

Im grand fouetté aus der Pose effacée mit Fassung an beiden Händen »begleitet« der Partner die Arme der Partnerin, ohne deren Bewegung zu stören.

Führungen (tour lent)

Bei Führungen an beiden Händen geht der Partner mit normalen Schritten einen Kreis, dessen Zentrum die Spitze des Standbeines der Partnerin bildet. Beginnt der Kreis nach links, so erfolgt der erste Schritt mit dem rechten Bein; bei einem Kreis über rechts mit dem linken Bein. Auch in den Fällen, in denen der Partner die Partnerin rückwärts im Kreis führt, geht er mit normalen Schritten. In diesem Falle wird bei einem Kreis nach rechts jedoch der erste Schritt mit dem rechten Bein, bei einem Linkskreis mit dem linken Bein ausgeführt.

Die Partnerin unterstützt die Wendung auf die gleiche Weise wie bei Führungen mit beiden Händen an der Taille.

Die Führungen werden anfangs im langsamen Tempo ohne

Veränderung der Pose der Partnerin und später mit Veränderung ihrer Pose während der Führung gelehrt.

1. Beispiel *Führung in Pose attitude rück, die Partnerin stützt sich mit beiden Händen auf den Arm des Partners (siehe Abbildung 26)*

Der Partner steht in der IV. Position, rechtes Bein effacée vor, demi-plié, das Körpergewicht liegt auf dem rechten Bein; das linke Bein ist à terre gestreckt. Der rechte Arm befindet sich in der 1. Position, Ellenbogen gestreckt, der linke Arm in der 2. Position, die Handflächen sind nach oben gedreht. Der Kopf ist nach links gewendet.

Die Partnerin steht in der Pose attitude effacée auf dem rechten Bein, ihre linke Hand liegt in der linken Hand des Partners, ihre rechte Hand auf der linken Schulter des Partners (siehe Abbildung 26).

Der Partner streckt sein rechtes Bein, und während er das linke an das rechte Bein heranstellt, geht er langsam im Kreis über links.

Vor einer solchen Führung führt die Partnerin gewöhnlich pas glissade, pas couru oder einfach einen Schritt zum Partner hin aus. Sie sollte ihr Herantreten so berechnen, dass beim Einnehmen der Pose die Arme gestreckt sind. Beide Arme dürfen während der Führung nicht angewinkelt werden.

Mit dieser Fassung werden auch Führungen in anderen Posen gelehrt.

Abb. 26
Führung (tour lent) in Pose attitude

2. Beispiel *Führung in Pose attitude mit einer Hand an der Taille der Partnerin, während die andere Hand eine Hand der Partnerin in der 2. Position fasst*

Die Partnerin steht in der Pose attitude auf dem linken Bein, en face. Der Partner steht links von ihr. Mit dem rechten Arm umfasst er die Taille der Partnerin so, dass seine Fingerspitzen auf dem Beckenknochen liegen.*

Mit der linken Hand hält er die linke Hand der Partnerin, deren Handfläche nach unten gedreht ist (siehe Abbildung 27).

In dieser Haltung geht der Partner einen Kreis über rechts. Während der Führung darf die Partnerin ihren linken Arm im Ellenbogen nicht abwinkeln. Der Partner kann sehr nah an der Partnerin stehen, sodass er sie mit dem Oberschenkel berührt, oder er hält einen bequemen Abstand. Im zweiten Fall entsteht der Eindruck einer gewissen Leichtigkeit der Führungals wäre »Luft« zwischen den Partnern. Trägt die Partnerin ein Tutu, ist der Abstand unbedingt einzuhalten. Diese Arten von Führungen werden in verschiedenen großen und kleinen Posen und mit verschiedenen Formen des Herantretens gelehrt. Es gibt folgende Variante dieser Führung: Der Partner hält die Partnerin mit einer Hand an der Taille und mit der anderen an ihrer Hand (des in die 2. Position geöffneten Armes) gefasst (siehe Abbildung 28).

* Gemeint ist in diesem Falle und auch später im Text der vordere obere Darmbeinstachel.

Abb. 27
Führung (tour lent) in Pose attitude

Abb. 28
Führung (tour lent) in Pose attitude

3. Beispiel *Führung in der Haltung à la seconde 90° mit einer Fassung an beiden Händen, die Gesichter zueinander*

Die Partnerin steht mit dem Rücken zu Punkt 1 in der V. Position auf Spitze, rechtes Bein vorn, die Arme in der 3. Position. Der Partner steht mit dem Gesicht zu ihr; die Arme in der 2. Position, Handflächen nach oben. Die Partnerin öffnet die Arme mit den Handflächen nach unten in die 2. Position, legt die Hände auf die geöffneten Handflächen des Partners und führt mit dem rechten Bein développé à la seconde 90° aus.

Bevor die Führung beginnt, wendet der Partner sein Becken etwas in die Kreisrichtung, das heißt nach links; die Schultern bleiben unverändert zur Partnerin gewendet (siehe Abbildung 29). Während der Führung bewahren beide Partner die 2. Position. Auf diese Weise kann der Abstand zwischen ihnen unverändert beibehalten werden.

Abb. 29 Führung (tour lent) in Pose à la seconde 90°

Pirouetten

1. Beispiel *Pirouetten aus der Haltung à la seconde 90° mit Fassung an beiden Händen*

Die Pirouetten werden aus der fixierten Haltung à la seconde 90° und mit Übergang zur Pirouette ohne Anhalten nach der Führung, en dehors und en dedans, mit und ohne demi-plié vor der Pirouette gelehrt. Die Ausgangshaltung ist die gleiche wie bei der Führung à la seconde 90°, mit Fassung der Partnerin an beiden Händen, die Gesichter zueinander.

Die Partnerin setzt die Drehung aus der Haltung à la seconde 90° an, indem sie sich von den Händen des Partners abstößt, ihre Arme in die 3. Position führt und die Pirouetten dreht. In dem Moment, in dem die Partnerin Force nimmt, lenkt der Partner mit leichtem Abstoß ihre Arme in die 3. Position und hält die Partnerin dann während der Drehung mit beiden Händen an der Taille.

2. Beispiel *Große Pirouetten à la seconde 90° aus der Haltung à la seconde 90° mit Fassung am Handgelenk*

Diese Pirouetten werden aus folgenden Haltungen à la seconde gelehrt:

Der Partner steht hinter der Partnerin, und die Partner stehen mit dem Gesicht zueinander.

Die Partnerin steht mit dem Gesicht zu Punkt 1 auf dem linken Bein in der Haltung à la seconde 90°, der Partner steht hinter ihr und hält sie an beiden Handgelenken von unten gefasst. Die Partnerin holt mit dem gestreckten Spielbein zur Drehung aus, indem sie das Spielbein etwas in die der Drehung entgegengesetzte Richtung führt und sich dann von beiden Händen des Partners abstößt. Auf diese Weise erhält sie die notwendige Force für die Pirouette en dehors. Ihr rechtes Bein behält die Haltung à la seconde 90° bei. Während der Pirouette führt die Partnerin die Arme in die 3. Position oder lässt sie in der 2. Position. Nachdem der Partner der Partnerin beim Ansatz zur Pirouette geholfen hat, macht er einen großen Schritt nach rück, und sobald ihr Spielbein an ihm vorbei geführt ist, geht er schnell an sie heran und fängt sie ab, indem er sie mit beiden Händen an der Taille oder an ihren Händen fasst.

3. Beispiel *Pirouette en dehors aus der Pose croisée vor*

Die Partnerin steht auf dem linken Bein, das rechte sur le cou-de-pied vor, Gesicht zu Punkt 8, der rechte Arm ist in der 3. Position, der linke in der 2. Position. Der Partner steht hinter der Partnerin, mit seiner erhobenen rechten Hand, Handrücken nach oben, fasst er die rechte Hand der Partnerin, Handfläche in Handfläche; mit der linken hält er von unten ihre linke Hand (siehe Abbildung 30).

Bevor die Partnerin Force für die Pirouette nimmt, führt sie ihr rechtes Bein etwas nach vorn. Gleichzeitig mit dem Drehansatz der Partnerin führt der Partner ihren rechten Arm aus

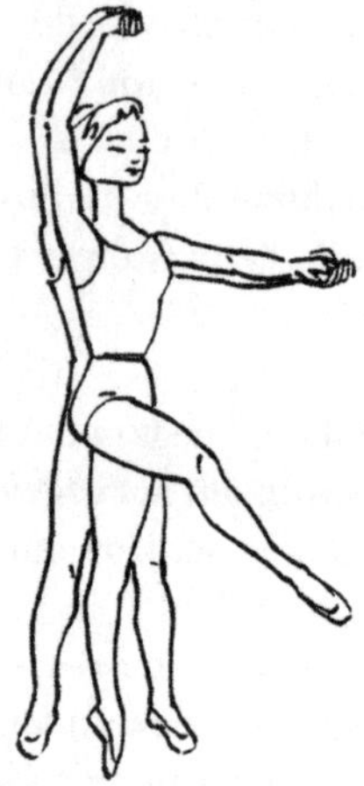

Abb. 30 Ausgangs-haltung vor Pirouetten

der 3. Position in die 2. und gibt dann mit beiden Händen den Abstoß zur Drehung. Die Partnerin, die sich von den Händen des Partners abgestoßen hat, führt beide Arme in die bedingte 1. Position. Der Partner fasst sie während der Pirouette mit beiden Händen an der Taille.

Nach den Pirouetten hält der Partner die Partnerin in der Pose attitude croisée oder in einer anderen vom Pädagogen angegebenen Pose an.

In dem Moment, in dem die Partnerin zur Pirouette ansetzt, noch vor Beginn der Drehung, kommt es besonders auf das Empfinden beider Partner für ein einheitliches Tempo an, da von der Koordinierung ihrer Bewegungen Qualität und Quantität der Pirouetten bestimmt werden. Zu Beginn des Erlernens dieser Pirouetten darf der Partner mit den Händen keinen allzu kräftigen Abstoß geben, etwa in der Absicht, die Drehforce zu erhöhen. Erst wenn beide Partner diesen Drehansatz beherrschen und sich die Anzahl der Drehungen erhöht hat, darf die Drehforce vergrößert werden. Pirouetten aus dieser Haltung können auch aus der Fassung an beiden Handgelenken ausgeführt werden. Die Partnerin hält die Arme in der 2. Position, der Partner steht hinter ihr, mit beiden Händen gibt er den Abstoß zur Drehung und gleichzeitig führt die Partnerin ihre Arme in die 3. Position, wobei er seine Hände auf ihre Taille legt. Diese Pirouetten werden en dehors und en dedans gelehrt.

4. Beispiel

Pirouetten en dedans aus der Pose attitude rück (vor der Pirouette hält sich die Partnerin mit beiden Händen am Arm des Partners)

Bevor man diese Pirouetten lehrt, sollte man Übungen durchführen, die die typischen Merkmale der Pirouetten enthalten, jedoch noch ohne Drehung ausgeführt werden. Die Partnerin steht in der Pose attitude effacée auf dem rechten Bein, ihre linke Hand liegt in der linken Hand des Partners, die rechte auf seiner linken Schulter (siehe Abbildung 26).

Die Partnerin schlägt das linke Bein zur Haltung sur le cou-de-pied vorn ein, nimmt mit dieser Bewegung Schwung und führt beide Arme in die 3. Position.

Nachdem die Partnerin Schwung genommen und den Arm des Partners losgelassen hat, macht der Partner einen großen Schritt nach rück und stellt sich hinter die Partnerin, wobei er sie mit beiden Händen an der Taille fasst.

Das Gefühl für das gemeinsame Tempo ist in diesem Falle besonders wichtig. Wenn diese grundlegenden Bewegungen beherrscht werden, kann man zur Ausführung der Pirouetten mit Anhalten in verschiedenen Posen und Haltungen übergehen.

5. Beispiel

Pirouetten aus der 1. arabesque mit Fassung am Handgelenk

Diese Pirouetten werden gewöhnlich en dedans ausgeführt. Der Partner steht hinter der Partnerin, die in der 1. arabesque auf dem rechten Bein steht, und hält sie an beiden Handgelenken (siehe Abbildung 31).

Abb. 31 Pirouetten aus der 1. arabesque mit Fassung am Handgelenk

Mit der linken Hand gibt er den Abstoß zur Drehung. Danach lässt er ihre linke Hand los, die in die 1. Position einschließt. Indem er die rechte Hand der Partnerin in die 3. Position führt, hilft er ihr, den Oberkörper in der Vertikale zu halten. Während der Pirouette hält er sie leicht am Handgelenk, wodurch er ihr die Drehung ermöglicht und gleichzeitig ihre Standfestigkeit sichert.

Wenn die Partnerin die Pirouette erneut in der 1. arabesque beenden soll, hält der Partner sie an, indem er mit seiner Hand ihre linke Hand auffängt und ihre rechte Hand in die Ausgangshaltung zurückbringt. Aus der gleichen Ausgangshaltung kann die Partnerin Pirouetten mit dem linken Arm in der 3. Position ausführen. In diesem Falle hält der Partner sie mit der linken Hand während der Drehung am Handgelenk und lässt die rechte Hand los.

Während der Pirouette befindet sich in allen Fällen die Hand der Partnerin, an der sie der Partner hält, in der 3. Position.

Es gibt Pirouetten, bei denen die Partnerin die Pose attitude mit etwas niedrigerem Spielbein fixiert. In diesem Falle tritt der Partner etwas zurück, damit sie ihn nicht streift, und hält sie am Handgelenk, ohne die Position des erhobenen Armes zu verändern.

6. Beispiel

Pirouette en dehors aus der Pose croisée vor (während der Drehung hält sich die Partnerin am Finger des Partners)

Die Partnerin steht auf dem linken Bein mit dem Gesicht zu Punkt 8, das rechte Bein ist sur le cou-de-pied vor angelegt. Der linke Arm ist in der 2. Position, die rechte Hand, mit der sie sich am Finger des Partners hält, in der 3. Position (siehe Abbildung 32).

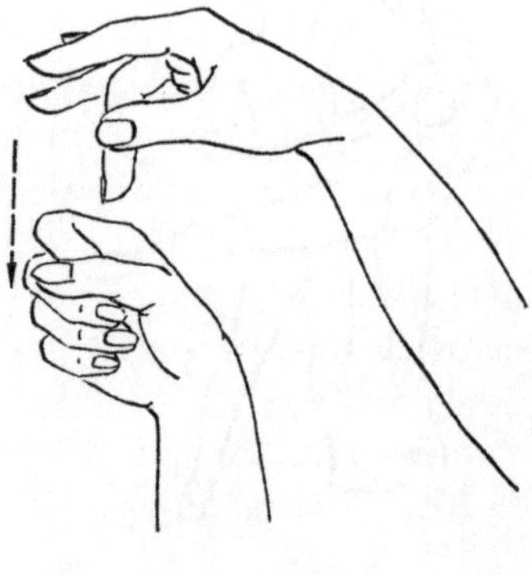

Abb. 32 Die Haltung der Hände bei Pirouetten an einem Finger

Der Partner steht hinter der Partnerin. Seine rechte Hand befindet sich über ihrem Kopf, sein Mittelfinger ist nach unten gerichtet. Mit der linken Hand fasst er die linke Hand der Partnerin von unten, Handfläche in Handfläche. Indem die Partnerin das rechte Bein etwas nach vorn öffnet, setzt sie zur Drehung an, stößt sich gleichzeitig mit der linken Hand von der linken Hand des Partners ab und führt ihren linken Arm in die vorbereitende Haltung. Während der Drehung umschließt sie mit der rechten Hand leicht den Finger des Partners. Wenn die Pirouetten beendet sind, fängt der Partner die linke Hand der Partnerinwie am Anfangauf und hilft ihr, die Ausgangshaltung einzunehmen.

Der linke Arm des Partners muss gespannt sein, da sich die Partnerin von ihm ziemlich stark abstößt. Die rechte Hand des Partners befindet sich während der Drehung genau über dem Kopf der Partnerin und bleibt unbeweglich. Diese Pirouetten mit der Fassung am Finger können aus verschiedenen Haltungen beginnen, das Prinzip der Fassung bleibt jedoch immer das gleiche.

7. Beispiel *Pirouette en dedans aus der 1. arabesque*

Bei diesen Pirouetten sind zwei Varianten der Ausgangshaltung möglich: Der Partner kniet auf einem Bein, während die Partnerin auf ihn zugeht (oder läuft); oder beide Partner gehen gleichzeitig aufeinander zu, und der Partner lässt sich dann auf ein Knie nieder.

In unserem Beispiel kniet der Partner auf dem rechten Knie, mit dem Gesicht zu Punkt 7, die Arme in der 2. Position mit den Handflächen nach oben.

Die Partnerin steht drei bis vier Schritte vom Partner entfernt, ihr Rücken zeigt zu Punkt 7, ihr Gesicht ist zu ihm gewendet. Die Partnerin geht oder läuft an den Partner heran und reicht ihm beide Hände so, dass Handflächen in Handflächen liegen, und stellt sich auf das rechte Bein in die 1. arabesque (siehe Abbildung 33). Die Partnerin muss das Herangehen an den Partner so berechnen, dass er sie während der Drehung mit beiden Händen an der Taille halten kann, ohne seinen Körper nach vorn zu neigen. Nachdem sie sich von den Händen des Partners abgestoßen hat, richtet sie sich auf und setzt zur Pirouette en dedans an. Während der Drehung hält der Partner sie in kniender Haltung mit beiden Händen an der Taille.

Abb. 33
Pirouetten en dedans aus der 1. arabesque

Unterstützung und Griffe bei Posen und Haltungen in der Schräglage

1. Beispiel

Neigen in der 1. arabesque mit Fassung an beiden Handgelenken

Die Partnerin steht in der 1. arabesque (mindestens 90°) auf dem rechten Bein. Der Partner steht hinter ihr und hält sie an beiden Handgelenken.

Dann setzt er, um ihr Halt zu geben, seinen linken Fuß hinter die Spitze ihres Standbeines, führt demi-plié auf dem linken Bein aus und setzt sein rechtes Bein nach vor in Richtung zu Punkt 3.

Mit seinem linken Arm, der fest an seine linke Brustseite gedrückt ist, gibt er langsam im Ellenbogen in Richtung zu Punkt 3 nach und zieht die Partnerin in die »fallende« Haltung.

Die Hauptlast hält der linke Arm des Partners, andernfalls wird die Form der Pose der Partnerin zerstört. Die Partnerin wird in die Ausgangshaltung zurückgezogen, indem der Partner sie mit einem kräftigen Ruck beider Arme zu sich heranzieht. Auch bei dieser Bewegung wird die Hauptlast von dem linken Arm des Partners getragen.

Bei dieser Bewegung schiebt die Partnerin anfangs die rechte Hüfte vor und biegt sich dann in den Kreuzwirbeln nach rück (siehe Abbildung 34).

Abb. 34
Neigen in die Schräglage und Fassung an den Handgelenken

Abb. 35
Neigen in die Schräglage und Fassung an beiden Händen

Am Ende der Bewegung können die Partner entweder in die Ausgangshaltung zurückkehren oder eine andere vom Pädagogen angegebene Pose einnehmen. Die Hände des Partners fassen dann entweder an die Taille der Partnerin oder bleiben in der ursprünglichen Fassung.

2. Beispiel *Neigen in der 1. arabesque mit Fassung an beiden Händen*

Die rechte Hand der Partnerin ist etwas höher als gewöhnlich angehoben und mit der Handfläche nach oben gedreht. Der Partner fasst die rechte Hand der Partnerin von oben, Handfläche in Handfläche.

Dabei hält der Partner seine Finger so weit nach unten, dass die Hand der Partnerin möglichst in natürlicher Lage bleibt. Mit der linken Hand fasst der Partner die linke Handfläche der Partnerin von unten (siehe Abbildung 35).

Beim nachfolgenden Neigen der Partnerin nach vorn gelten die gleichen Regeln wie beim vorigen Beispiel (siehe Abbildungen 34 und 35).

3. Beispiel *Neigen der Partnerin, die auf dem Rücken des Partners liegt, in die Schräglage, mit Fassung an beiden Händen*

Die Partner stehen, zwischen sich einen Abstand von einem Schritt, mit dem Gesicht zueinander. Sein Rücken ist zu Punkt 3 und ihr Rücken zu Punkt 7 gewendet.

Mit einem Schritt nach vorn auf das linke Bein nimmt die

Abb. 36
Neigen in die Schräglage mit Fassung an beiden Händen

Partnerin die Pose attitude croisée ein, die Arme sind in der 2. Position. Der Partner hält sie an beiden Händen, Handfläche in Handfläche (siehe Abbildung 36).

Mit seiner rechten Hand führt der Partner die linke Hand der Partnerin in die 2. Position und gleichzeitig mit seiner linken Hand ihre rechte in die vorbereitende Haltung. Indessen winkelt die Partnerin das rechte Bein zur Haltung passé oder sur le cou-de-pied an. Danach führt er seinen linken Arm in die 2. Position, während der rechte Arm in der 3. Position bleibt; gleichzeitig wenden sich beide Partner mit dem Rücken zueinander. Sobald das Knie des abgewinkelten Beines der Partnerin den Partner passiert hat, setzt er seinen linken Fuß an die Fußspitze ihres Standbeines. Beide Partner pressen ihre Rücken dicht aneinander. Die Partnerin öffnet das rechte Bein nach vor auf 90°.

Diese Ausgangshaltung sollte man aus den verschiedensten Haltungen und Posen einnehmen können.

Der Partner macht einen Ausfallschritt auf das rechte Bein nach Punkt 3, während die gerade Haltung des linken Beines und des Oberkörpers erhalten bleibt; gleichzeitig senkt der Partner die Partnerin auf seinen Rücken in die Schräglage. Auch im Moment des »Falls« darf die gerade Linie des Oberkörpers und des Standbeines der Partnerin nicht zerstört werden. Durch einen Abstoß mit dem rechten Bein tritt der Partner in die Ausgangshaltung zurück und führt die Partnerin zur standfesten vertikalen Haltung.

Es gibt verschiedene Varianten, aus der Schräglage in die Ausgangshaltung zurückzukehren.

Die Partnerin gelangt durch eine Wendung fouetté in die Ausgangshaltung zurück; die Partnerin führt beim Aufrichten das rechte Bein über die 1. Position in die 1. arabesque, während der Partner ihre Hände loslässt, sich ihr schnell zudreht und sie mit beiden Händen an der Taille fasst.

4. Beispiel *Neigen der Partnerin in die Schräglage mit einer Hand an der Taille, mit der anderen am Handgelenk*

Variante a: Die Partnerin steht in der V. Position, rechtes Bein vorn, rechter Arm in der 3. Position, linker Arm in der 2. Position. Der Partner steht hinter ihr und hält mit seiner rechten Hand ihr rechtes Handgelenk. Mit dem linken Arm umfasst er ihre Taille, wobei er mit den Fingern den rechten Beckenknochen berührt. Danach dreht er die Partnerin mit dem Gesicht zu Punkt 3, führt selbst einen Ausfallschritt auf das rechte Bein in die gleiche Richtung aus und lässt die Partnerin in die Schräglage herab (siehe Abbildung 37).

Während der gesamten Bewegungen ist der Oberkörper beider Partner vom Schultergürtel aus nach hinten gebogen. Die Hauptlast liegt auf dem linken Arm des Partners, sein rechter Arm hat nur eine Hilfsfunktion. Das Aufrichten der Partnerin aus der Schräglage vollzieht sich wie im vorhergehenden Beispiel.

Abb. 37 Neigen in die Schräglage. Ein Arm umfasst die Taille, eine Hand das Handgelenk

Dieses Prinzip wird ebenfalls beim Neigen der Partnerin in der 1. arabesque und attitude effacée angewandt, später jedoch werden diese Bewegungen ohne das Halten der Partnerin am Handgelenk gelehrt.

Variante b: Die Partnerin steht in der V. Position, rechtes Bein vorn, die Arme in der 3. Position. Der Partner steht hinter ihr und hält mit seiner linken Hand ihr linkes Handgelenk. Während er seinen linken Fuß an die Fußspitze der Partnerin heransetzt, umfasst er mit der rechten Hand ihre Taille, wobei seine Fingerspitzen ihren linken Beckenknochen berühren. Danach dreht er die Partnerin mit dem Gesicht zu Punkt 3, macht mit dem rechten Bein einen Ausfallschritt in die gleiche Richtung und hält mit der linken Hand weiterhin die Partnerin am linken Handgelenk.

Variante c: Die Partnerin steht in der 1. arabesque auf dem rechten Bein. Der Partner steht hinter ihr und hält sie an beiden Handgelenken. Danach lässt er ihre Hand los, sie führt das linke Bein in die V. Position vor und die linke Hand in die 3. Position, dann führt sie eine halbe Wendung aus und wendet dabei mit dem Rücken zu Punkt 3. Der Partner umfasst mit der linken Hand fest ihre Taille, wobei er seinen linken Fuß an ihre Fußspitzen heransetzt, um ihr einen guten Halt zu geben, und führt auf dem rechten Bein einen Ausfallschritt zu Punkt 3 aus; die Partnerin senkt er dabei mit dem Rücken nach unten.

Diese Regeln beim Herablassen und Aufrichten der Partnerin in die Vertikale bleiben auch hier wie bei allen anderen Arten der Posen in Schräglage bestehen.

Fassungen mit einer Hand

Alle Bewegungen, die bereits mit Fassungen beider Hände des Partners an der Taille der Partnerin oder an ihren beiden Händen gelehrt wurden, sind mit Halten durch eine Hand zu wiederholen.

Die Reihenfolge, in der die Fassung mit einer Hand gelehrt wird:

an der Hand, am Handgelenk, durch Umfassen der Taille, mit einer Hand an der Taille.

1. Beispiel Die Partnerin steht auf dem linken Bein in der Pose attitude effacée. Der Partner steht links neben ihr und hält mit seiner rechten Hand ihre Taille umfasst. Sie stützt sich mit der linken Hand (linker Ellenbogen ist stark angewinkelt) auf seiner rechten Schulter ab. Während die Partnerin développé, développé passé, grand rond de jambe oder andere Bewegungen ausführt, hat der Partner die Abweichungen ihres Oberkörpers in die dem Spielbein entgegengesetzte Richtung zu beachten. Der Partner muss deshalb sehr aufmerksam sein und der Partnerin helfen, ihren Oberkörper in die entsprechende Richtung zu neigen. Dabei muss die Armposition der Partnerin streng fixiert werden.

2. Beispiel Die Partnerin steht in der V. Position, épaulement effacé, rechtes Bein vorn. Aus dieser Haltung lässt sie sich auf das linke Knie nieder und setzt sich weiter auf den Boden, ohne das linke Bein zu strecken; das rechte Bein ist auf dem Boden in Richtung zu Punkt 2 gestreckt. Den rechten Arm hält sie in der 1. Position, den linken in der 2., die Handflächen zeigen nach unten. Die linke Schulter ist etwas geöffnet und der Oberkörper etwas nach rück geneigt (siehe Abbildung 38).

Der Partner steht mit einem Schritt Abstand auf der Diagonale von Punkt 2 zu Punkt 6 mit dem Gesicht zur Partnerin.

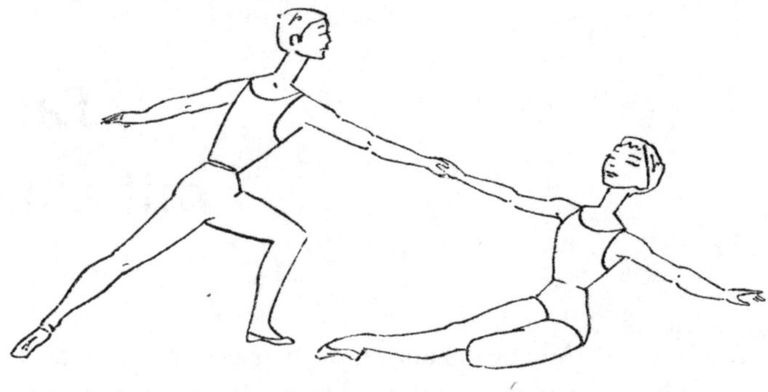

Abb. 38 Ausgangshaltung

Die Haltungen der Arme und Beine sind frei, je nach Aufgabenstellung des Pädagogen.

Der Partner reicht der Partnerin seine rechte Hand, und sie legt mit einer ruhigen Bewegung ihre rechte Hand von oben auf die Hand des Partners. Durch einen leichten, unmerklichen Druck der rechten Hand gibt er der Partnerin das Signal für den Beginn der Bewegung. Danach richtet sie sich vom Boden auf, zuerst auf das linke Knie, dann über den rechten Fuß auf Spitze und zuletzt in attitude effacée oder in die 1. arabesque (siehe Abbildung 39). Während dieses Übergangs winkelt die Partnerin ihren rechten Arm nicht an, das heißt, sie zieht sich nicht mit dem rechten Arm hoch. Nachdem der Partner das Signal für den Beginn der Bewegung gegeben hat, macht er einen großen Schritt nach rück, hilft der Partnerin energisch aufzustehen und hält sie in der Pose auf Spitze. Der Arm der

Abb. 39 Pose attitude mit Fassung an einer Hand

Partnerin, an dem der Partner sie hält, muss im Schultergelenk völlig unbeweglich bleiben.

Beim Zusammenstellen der Unterrichtskombination für Adagio oder Allegro soll der Pädagoge alle Elemente des Pas de deux maximal variieren und jedes Mal neue, mitunter bewusst unbequeme Bedingungen schaffen, um bei den Schülern Geschicklichkeit, die Fähigkeit des schnellen Orientierens sowie Anpassungsvermögen an die verschiedenen tänzerischen Kombinationen, die auch später auf der Bühne vorkommen, zu entwickeln.

Wendungen

Die Partnerin muss eine selbstständige Ausführung der Wendung anstreben und sich dabei nur ganz leicht auf die Hand des Partners stützen. Das Standbein verhilft aktiv zur Drehung. Den Schwung zur Wendung gibt der Partner. Während der Wendung kann die Partnerin entweder die Pose ändern oder die Ausgangspose fixieren.

1. Beispiel

Die Partnerin steht auf der Spitze des rechten Beines mit dem Rücken zu Punkt 1, das linke Bein ist in der Haltung sur le cou-de-pied rück angelegt, der rechte Arm in der 3. Position, die Handfläche zum Partner gedreht, der linke Arm in der vorbereitenden Haltung. Der Partner steht mit dem Gesicht zur Partnerin. Mit seiner rechten Hand, die mit der Handfläche zur Partnerin gerichtet ist, fasst er ihre rechte Hand, Handfläche in Handfläche. Sein linker Arm ist zur Seite geöffnet. Aus dieser Haltung beginnt der Partner mit einer Bewegung seiner rechten Hand, die Partnerin nach rechts zu drehen, wobei er ihre rechte Hand weiter gefasst hält. Während der Drehung befindet sich der rechte Arm der Partnerin in der bedingten 3. Position, das heißt genau über dem Kopf. Der Partner darf ihre Hand weder zur Seite noch nach vor oder rück verschieben.

Beim Übergang zur nächsten Wendung in die gleiche Richtung nehmen die Hände beider Partner die Anfangshaltung auf folgende Weise ein: Aus der Abschlusshaltung fasst der Partner mit einer gleitenden Bewegung in die Ausgangshaltung um, ohne dass sich beide Hände völlig voneinander lösen. Gleichzeitig lockert die Partnerin mit ihrer rechten Hand etwas die

Fassung, ohne jedoch die Hand des Partners völlig loszulassen. Auf diese Weise können die Partner eine bestimmte Anzahl von Wendungen nacheinander ausführen. Diese Wendung ist auch in umgekehrter Richtung zu üben.

2. Beispiel

Im Kapitel »Fassungen an beiden Händen« wurde die Wendung um 360° mit Fassung an beiden Händen erklärt. Die gleiche Wendung muss jetzt durch ein Halten der Partnerin an einer Hand gelehrt werden.

Die Ausgangshaltung der Partner ist die gleiche; der Unterschied besteht nur darin, dass der Partner seine rechte Hand in der 1. Position mit der Handfläche nach oben hält, während die Partnerin ihm ihre rechte Hand von oben reicht, sodass die beiden Handflächen aufeinander liegen. Der Partner führt seinen Arm in die 2. Position und dreht damit die Partnerin um einen Halbkreis mit dem Rücken zu sich. Dann hebt er den gleichen Arm in die 3. Position an und führt mit einer kräftigen Handbewegung die vollständige Wendung der Partnerin zu Ende.

Diese Wendung ist auch in umgekehrter Richtung zu lehren.

Die Handhaltung der Partner bleibt unverändert (Handflächen ineinander); es verändert sich lediglich ihre perspektivische Wirkung. Die Wendungen an einer Hand werden ebenfalls mit Fassung der Partnerin am Handgelenk ausgeführt. Diese Wendung wird hauptsächlich durch eine kräftige Handbewegung des Partners vollzogen. Die Partnerin unterstützt die Wendung durch die beschriebene Bewegung des Standbeines.

3. Beispiel

Unvollständige Wendungen mit einer Hand an der Taille der Partnerin

Die Partnerin steht in der Pose attitude croisée auf dem linken Bein. Der Partner steht hinter der linken Schulter der Partnerin und hält sie mit seiner rechten Hand an ihrer Gürtellinie (auf der rechten Seite). Er dreht die Partnerin nach links und tritt zurück, wobei er bemüht ist, die ganze Zeit hinter ihrer linken Schulter zu bleiben. Die Partnerin wechselt aus der Ausgangspose in die 1. arabesque.

Wenn eine Bewegung mit der Hand des Partners nicht ausreicht, um die Partnerin in die notwendige Haltung zu bringen, so verschiebt er seine Hand mit einer schnellen, gleitenden Bewegung auf der Taille in die der Wendung entgegengesetzte Richtung und dreht die Partnerin noch einmal etwas nach.

Führungen (tour lent)

Die Führungen mit einer Hand werden in allen Grundposen des Klassischen Tanzes gelehrt. Der Arm, an dem der Partner die Partnerin hält, kann die 1., 2. oder 3. Position einnehmen. In allen Fällen ist der Arm stark angespannt (das heißt unbeweglich im Schulter- und Ellenbogengelenk) und bleibt in der eingenommenen Position.

1. Beispiel *Führung mit einer Hand (Handfläche in Handfläche)*

Die Partnerin geht mit einem Schritt auf das rechte Bein in die Pose attitude effacée. Der Partner steht mit dem Gesicht zu ihr und reicht ihr seine rechte Hand, die mit der Handfläche nach oben gerichtet ist. Sie reicht ihm ihre rechte Hand und legt ihre Handfläche auf seine Handfläche, wobei sie die 1. Position genau einhält. In dieser Haltung führt der Partner sie im Kreis über rechts. Seine Schritte müssen gleichmäßig im angegebenen musikalischen Rhythmus erfolgen. Jeder Schritt muss genau auf der Kreislinie erfolgen, ohne dass sich beide einander nähern oder sich voneinander entfernen. Während der Führung muss die Ausgangshaltung der Partner genau fixiert werden.

Es wird empfohlen, die Führungen anfangs in einem sehr langsamen Tempo und einzeln zu lehren und sie erst später in verschiedene Kombinationen einzubauen.

2. Beispiel *Führung mit einer Hand am Handgelenk*

a) Die Partnerin steht auf dem rechten Bein in der 1. arabesque (niedrige arabesque). Der Partner steht mit dem Gesicht zu ihr und hält mit seiner rechten Hand ihr rechtes Handgelenk (siehe Abbildung 40).

Am Ende der Führungen muss der Abstand zwischen den Partnern der gleiche wie zu Beginn der Führung sein.

Wenn der Partner die Partnerin in der Pose mit der linken Hand hält, muss er in der Regel den Kreis über rechts ausführen.

b) Die Partnerin steht auf dem linken Bein in der Pose écartée (vor oder rück); rechter Arm in der 3. Position, linker in der 2. Der Partner, der links von ihr steht, hält sie mit der rechten Hand an ihrem rechten Handgelenk. Beim Herumführen berührt der

Abb. 40
1. arabesque mit Fassung am rechten Handgelenk

linke Ellenbogen der Partnerin ganz leicht die Brust des Partners (siehe Abbildung 41).

Das Herumführen der Partnerin in verschiedenen Posen wird ebenfalls mit einem Rückwärtsgehen des Partners gelehrt. Das ist die schwierigste Art von Führungen; Prinzip und Grundregeln bleiben jedoch die gleichen.

Abb. 41
Pose écartée mit Fassung am rechten Handgelenk

3. Beispiel

Führung mit einer Hand an der Taille

Bei dieser Führung muss der Partner eine etwas ungewöhnliche Methode anwenden. Sie soll zunächst einmal am Beispiel eines port de bras erläutert werden, bei dem die Partnerin ebenfalls mit einer Hand an der Taille gehalten wird.

Die Partnerin steht auf dem linken Bein in der 1. arabesque. Der Partner, der hinter ihr steht, hält sie mit der rechten Hand so an der Taille, dass sein Daumen und Zeigefinger direkt auf der Gürtellinie liegen und die Handfläche fest ihre rechte Seite umfasst. Aus dieser Haltung führt die Partnerin ein großes port de bras nach vorn aus. Sobald sie sich zu neigen beginnt, schiebt der Partner ganz leicht und unauffällig ihren Körper nach vorn. Ihre Standfestigkeit bleibt jedoch dadurch erhalten, dass er sie mit der Hand an der Taille hält (siehe Abbildung 42).

Durch dieses port des bras gewinnt ihre Pose noch an Leichtigkeit und Geschmeidigkeit. Sie kehrt in die Ausgangspose zurück, wobei der Partner ihre Standfestigkeit sichert.

Wenn beide Partner die Technik dieser Fassung und Bewegung völlig beherrschen, geht man zu den Führungen mit einer Hand an der Taille über.

Die Führung wird folgendermaßen ausgeführt: Die Ausgangshaltung wurde zu Beginn des Abschnittes erläutert. Der Partner schiebt den Körper der Partnerin etwas nach vorn, gibt ihr gleichzeitig mit der rechten Hand den Abstoß zur Wendung und beginnt einen Kreis über rechts zu gehen. Nach der Führung zieht er die Partnerin in die standfeste Pose zurück.

Nach diesem Prinzip werden die Führungen in der 2., 3. und 4. arabesque wie auch in der attitude und anderen Posen gelehrt.

Es ist notwendig, dass der Partner lernt, die Partnerin bei diesen Führungen mit einer Hand nicht nur von oben an der

Abb. 42
1. arabesque mit der rechten Hand an der Taille

Abb. 43
4. arabesque. Die rechte Hand fasst von unten an die Taille

Taille, sondern auch von unten, das heißt unter dem gebeugten Körper, zu stützen (siehe Abbildung 43).

Eine andere Art von Führungen mit einem Halten der Partnerin an der Taille ist beispielsweise folgende: Die Partnerin steht in der attitude croisée auf dem rechten Bein, ihr Körper ist leicht nach rück und nach rechts geneigt; ihre Arme sind in der 3. Position.

Der Partner steht mit dem Gesicht zu ihr. Seine rechte Hand liegt auf ihrer Gürtellinie etwas nach hinten zur rechten Seite hin verschoben. Der rechte Arm des Partners ist im Ellenbogen leicht angewinkelt, sein Oberkörper und der Kopf sind nach rück geneigt (siehe Abbildung 44).

Danach drückt der Partner den Oberkörper der Partnerin ganz leicht von sich, sodass sie etwas in seinem rechten Arm

Abb. 44
Pose attitude croisée. Der rechte Arm fasst unter die Gürtellinie

Abb. 45 Fassung mit verschränkten Armen

»hängt«. (Das Prinzip dieses Ansatzes ist das gleiche wie bei der Ausführung des port de bras.) In dieser Haltung geht der Partner rückwärts einen Kreis über links oder rechts. (Anfangs sollte man einen halben Kreis, später einen ganzen; dann zwei, drei und mehr Kreise gehen lassen.) Am Ende der Führung bringt der Partner die Partnerin wieder in die standfeste Haltung, indem er ihren Körper leicht zu sich heranzieht.

Bei einer Führung in der Pose écartée mit einer Hand an der Taille darf der Partner nicht das eben beschriebene Prinzip anwenden. In dieser Pose muss die senkrechte Haltung der Partnerin unbedingt bewahrt bleiben.

Bei allen Formen des Haltens der Partnerin mit einer Hand an der Taille darf der Partner die Finger nicht zusammenpressen, verkrampfen und sich auch nicht an ihrer Kleidung festhalten. Seine Hand umfasst fest mit abgespreiztem Daumen die Gürtellinie der Partnerin von der Seite, vorn oder hinten – je nach der Pose, die die Partnerin einnimmt.

In klassischen Duetten sind auch solche Führungen bekannt, wo die Partner mit dem Gesicht zueinander in folgender Haltung stehen: Die rechte Hand der Partnerin ist nach vor gestreckt und ihre Handfläche liegt auf der Schulter des Partners. Seine rechte Hand befindet sich auf ihrer rechten Schulter. Auf diese Weise sind die Arme der Partner miteinander verflochten (siehe Abbildung 45).

Pirouetten

1. Beispiel

Pirouetten mit Fassung an einer Hand

Die Partnerin steht auf dem rechten Bein in der Pose attitude effacée. Der Partner steht mit dem Gesicht zu ihr, hält sie mit der rechten Hand an ihrer rechten Hand in der 1. Position, Handfläche in Handfläche (siehe Abbildung 39).

Die Partnerin geht von der Spitze ins demi-plié über und setzt zur Pirouette en dedans an.

Die rechte Hand des Partners muss während der Fassung fest und elastisch sein. Gleich nachdem die Partnerin sich von seiner Hand abgestoßen und die Drehung begonnen hat, führt der Partner augenblicklich seine beiden Hände an ihre Taille und hält sie bis zur Beendigung der Pirouetten. Dann hält er sie in der angegebenen Haltung an.

Diese Pirouetten können auch ohne plié gelehrt werden.

2. Beispiel

Pirouetten mit Fassung an einem Handgelenk

Die Partnerin steht auf dem rechten Bein in der 1. arabesque (hohe arabesque) mit dem Gesicht zu Punkt 3. Der Partner steht einen Schritt vor ihr mit dem Gesicht zu ihr und hält sie mit seiner rechten Hand an ihrem rechten Handgelenk (siehe Abbildung 40).

Die Partnerin setzt zur Pirouette en dedans an, fixiert den rechten Arm in der 3. Position und führt gleichzeitig den linken Arm in die vorbereitende Haltung. Beim Schwungnehmen

Abb. 46 Pirouette en dedans mit Fassung am Handgelenk

führt der Partner die rechte Hand der Partnerin über ihren Kopf in die bedingte 3. Position und stellt damit die vertikale Drehachse der Partnerin her (siehe Abbildung 46).

Wenn die Partnerin Schwung nimmt, muss die Hand des Partners etwas mitfedern, sodass sich die Partnerin davon abstoßen kann. Während der Drehung muss das Handgelenk der Partnerin leicht umfasst werden; ihr Handgelenk muss sich in seiner Hand frei drehen können.

Wenn die Partnerin nach den Pirouetten erneut die Pose der 1. arabesque einnimmt, bringt der Partner ihren Arm, der sich während der Drehung über ihrem Kopf befand, in die Ausgangshaltung zurück. Dies soll in dem Moment geschehen, in dem sich das linke Bein nach den Pirouetten in die Pose der 1. arabesque öffnet.

Nach der Drehung soll die Partnerin selbst anhalten, ohne sich auf die Hilfe des Partners zu verlassen. Ist der von ihr genommene Schwung für die angegebene Zahl von Pirouetten zu groß, dann kann es vorkommen, dass der Partner in der Absicht, ihre Drehung zu stoppen, ihr Handgelenk zu fest drückt und sie dabei verletzt.

Bei den Pirouetten mit Fassung am Handgelenk kann der Partner nicht nur mit dem Gesicht zur Partnerin, sondern auch hinter ihr stehen.

3. Beispiel

Pirouetten, bei denen sich die Partnerin mit einer Hand am Finger des Partners hält

Die Lehrmethode dieser Pirouetten ist im Kapitel »Fassungen mit einer Hand« erläutert worden. Während jedoch in diesem Kapitel gefordert wurde, dass die Partnerin zu Beginn der Pirouetten selbst ihre Hand und die Hand des Partners in die richtige Haltung bringt, so muss bei dem vorliegenden Beispiel der Partner zu Beginn der Pirouetten die Hand der Partnerin in die richtige Haltung führen.

Qualität und Quantität dieser Pirouetten hängen davon ab, wie es der Partner versteht, die Drehachse herzustellen beziehungsweise die Hand der Partnerin genau über ihren Kopf zu halten.

Diese Pirouetten werden aus einem Schritt, aus tombé, pas de bourrée oder anderen Bewegungen als Ansatz gelehrt, die es der Partnerin erlauben, selbstständig Schwung zu nehmen. Die Partnerin muss die Pirouetten in allen kleinen und großen

Abb. 47 Grande pirouette in Pose attitude mit einem Arm an der Taille (am Ende der Pirouette)

Posen des Klassischen Tanzes beenden können. Wenn die Partnerin die Pirouetten auf Spitze (ohne plié) beendet, hilft ihr der Partner in der Regel, indem er sie mit seiner freien Hand an ihrer Hand oder ihrer Taille hält. Geht sie nach der Drehung ins demi-plié über, so ist sie nicht unbedingt auf die Hilfe des Partners angewiesen.

4. Beispiel *Große Pirouette in Pose attitude, während der der Partner die Taille der Partnerin mit einer Hand umfasst*

Die Partnerin steht auf dem linken Bein auf Spitze, das rechte Bein à la seconde 90°, Arme in der 2. Position. Der Partner steht rechts neben ihr, mit dem Gesicht zu Punkt 1, und hält mit seiner linken Hand ihre rechte Hand gefasst, Handfläche in Handfläche (siehe Abbildung 47).

Nachdem die Partnerin demi-plié auf dem linken Bein ausgeführt hat, stößt sie sich von der Hand des Partners ab, holt Schwung und führt die Pirouetten en dehors in der Pose attitude aus, wobei sie die Arme in die 3. Position führt. Nachdem der Partner ihr ermöglicht hat, die Pirouette selbstständig auszuführen, macht er einen großen Schritt auf sie zu (in dem Moment, wenn sie ihm ihre linke Schulter zuwendet) und umfasst mit dem rechten Arm ihre Taille. Die Partnerin öffnet den linken Arm in die 2. Position; während sie den Hals des Partners umfasst, stützt sie sich auf seine beiden Schultern. Während der Pirouette fängt der Partner sie auf; und ohne die Drehung anzuhalten, geht er im gleichen Tempo im Kreis, und sie beendet die Pirouette in der Pose attitude effacée.

Diese Form weist verschiedene Varianten auf: Der Partner fängt die Partnerin mit einer Hand an der Taille auf und geht zwei-, dreimal oder mehrmals im Kreis. Die Partnerin stützt sich mit dem linken Arm, der im Ellenbogen abgewinkelt ist, auf die rechte Schulter des Partners; die Partnerin führt eineinhalb große Pirouetten selbstständig aus, und erst dann umfasst der Partner ihre Taille. Während dieser Pirouette muss der Partner zum richtigen Zeitpunkt an sie herantreten und die Drehung weiterführen, ohne die Partnerin von der Drehachse abzubringen. Im gleichen Tempo, wie die Partnerin die Pirouette ansetzt, muss der Partner die Drehung weiterführen.

Unterstützung und Griffe bei Posen und Haltungen in der Schräglage

1. Beispiel *Neigen der Partnerin in der 1. arabesque, wobei ein Arm des Partners um ihre Taille fasst*

Die Partnerin steht auf dem linken Bein in einer hohen 1. arabesque. Der Partner steht vor ihr, mit dem Gesicht zu Punkt 1. Er umfasst mit seinem rechten Arm ihre Taille so, dass seine Fingerspitzen ihren rechten Beckenknochen berühren. Sein linker Arm ist mit der Handfläche nach unten zur Seite geöffnet. Der rechte Fuß wird von vorn dicht an die Spitze des Standbeines der Partnerin gestellt. Zur gleichen Zeit berührt die Partnerin mit ihrem linken Oberschenkel den rechten Oberschenkel des Partners.

Der Partner tritt dicht an sie heran und führt sofort einen

Abb. 48
Neigen in die Schräglage mit einem Arm an der Taille

Ausfallschritt mit dem linken Bein zur Seite aus. Dabei neigt er die Partnerin in die Schräglage. Sein rechtes Bein und sein Körper müssen beim Ausfall eine gerade Linie bilden (siehe Abbildung 48). Indem der Partner sich mit dem linken Bein nach oben abstößt, können beide wieder die Ausgangshaltung einnehmen. Die Schlusspose kann beliebig sein; je nach Aufgabenstellung.

2. Beispiel *Neigen beider Partner in die Schräglage*

Die Partner stehen mit dem Gesicht zu Punkt 1; sie rechts von ihm. Mit der linken Hand fasst die Partnerin ihn unter den rechten Arm und legt ihre Handfläche in seine rechte Hand, deren Handrücken nach unten gerichtet ist. Der rechte Arm

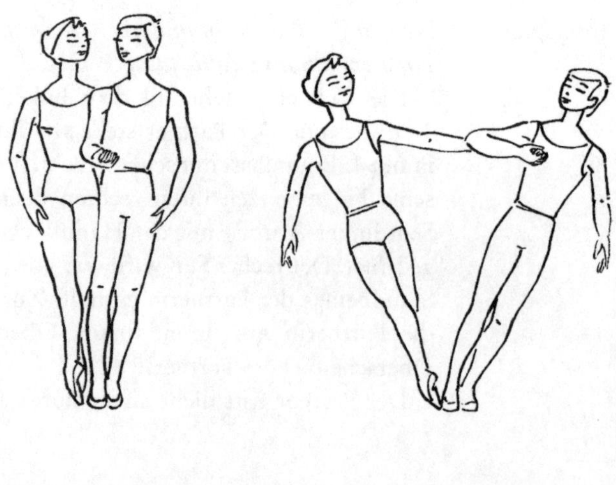

Abb. 49
Neigen in die Schräglage mit Fassung an einer Hand

der Partnerin und der linke Arm des Partners befinden sich in der vorbereitenden oder einer beliebigen Haltung.

Die Partnerin führt ein relevé auf Spitze in der V. Position aus, rechtes Bein vorn. Der Partner stellt zu Beginn seinen rechten Fuß dicht an die Fußspitzen der Partnerin und setzt dann seinen linken Fuß an seinen rechten heran. In diesem Moment bleiben beide Partner im Gleichgewicht, indem sie sich an den Händen halten (siehe Abbildung 49).

Nachdem die Partner die Ausgangshaltung eingenommen haben, öffnen sie langsam die freien Arme über die 1. in die 2. Position (sie den rechten Arm und er den linken); gleichzeitig mit dieser Bewegung streckt sie den linken Arm, während er ihre Hand fest an seine Brust drückt, ohne den Ellenbogen des rechten Armes zu öffnen. Aus dieser Haltung öffnet der Partner langsam seinen rechten Ellenbogen. Wenn der Arm ganz gestreckt ist, sind beide Partner diagonal nach außen geneigt und bleiben auf diese Weise im Gleichgewicht.

Die Rückkehr in die Ausgangshaltung vollzieht der Partner durch einen scharfen Ruck mit der rechten Hand, wobei er gleichzeitig mit dem linken Bein einen halben Schritt zur Seite ausführt. Nachdem er die Partnerin in die Vertikale zurückgezogen hat, fasst er sie mit beiden Händen an der Taille. Daraufhin kann sie die angegebene Pose einnehmen. Beim Neigen müssen die Oberkörper beider Partner völlig gerade sein. Der Partner muss im Allgemeinen bestrebt sein, die Hand der Partnerin bei solchen Einhandfassungen in ihrer natürlichen Lage zu lassen, unabhängig von der Pose, in der sie sich neigt.

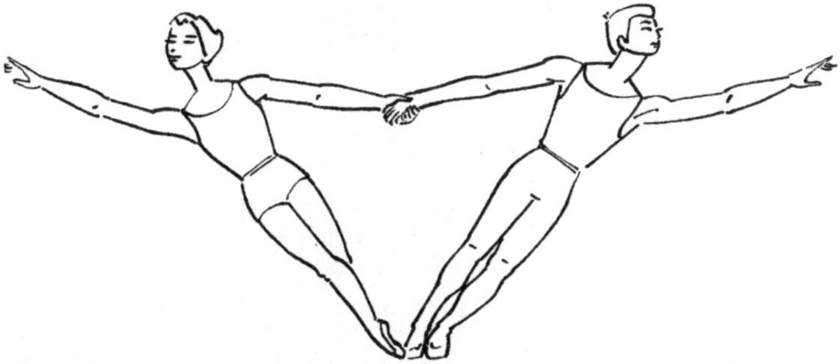

3. Beispiel *Neigen der Partnerin in der 1. arabesque, wobei sich die Partner an einer Hand gefasst halten*

Die Partnerin steht auf dem linken Bein in der 1. arabesque. Der Partner steht dicht hinter ihr, mit der linken Hand hält er ihr linkes Handgelenk, mit der rechten hält er von unten ihre rechte Hand, Handfläche in Handfläche. Wenn die Ausgangshaltung eingenommen ist, stellt der Partner seinen rechten Fuß von hinten an die Spitze ihres Standbeines. Nachdem er demiplié auf dem rechten Bein ausgeführt und das linke Bein, um Halt zu finden, nach vorn gestellt hat, lässt der Partner die linke Hand der Partnerin los, öffnet langsam im Ellenbogen seinen rechten, dicht an die Brust gedrückten Arm und zieht die Partnerin in die geneigte Haltung (siehe Abbildung 50).

Die Rückkehr in die Ausgangshaltung vollzieht der Partner durch einen scharfen Ruck des rechten Armes, wobei er die Partnerin zu sich heranzieht und sie entweder mit beiden Händen an der Taille oder an beiden Handgelenken fasst.

Abb. 50 Neigen in der 1. arabesque mit Fassung an einer Hand

II. Teil

Fassungen und Griffe bei Hebungen und Würfen

Beim Erlernen der Hebungen müssen die Partner das Gefühl für das gemeinsame Tempo erarbeiten.* Nur so können im Paartanz große Leichtigkeit und Sauberkeit erreicht werden.

* Das Tempo bestimmt den Grad der Schnelligkeit der Bewegungen. Das gemeinsame innere Tempo ist völlig dem musikalischen Tempo unterzuordnen und wird dadurch erreicht, dass beide Partner den technischen Bewegungsablauf genau aufeinander abstimmen.

Der Pädagoge muss darauf achten, dass sich die Schüler beim Erlernen der Hebungen nicht verletzen. Er muss den Unterricht mit gut vorbereiteten methodischen Erklärungen für die Stoffvermittlung durchführen. Wenn in eine Kombination ein neuer Ansatz für eine Hebung eingefügt wird, der noch nicht bekannt ist, macht es sich erforderlich, zuerst der Partnerin die Aufgabe zu erläutern und dann dem Partner, da ja in der Regel seine Handlung von ihrer abhängt. Nach Erklärung einer neuen schwierigen Aufgabe ist diese mit jedem Paar zuerst einzeln durchzugehen. Die Tänzer müssen strengste Disziplin und schöpferische Konzentration im Saal bewahren, da durch Unaufmerksamkeit Verletzungen entstehen können. Kombinationen sollten nicht übermäßig lang und nicht in zu schnellem Tempo ausgeführt werden und nicht mit schwierigen Höhepunkten überlastet sein. Sie sind nicht mehr als zwei- bis dreimal zu wiederholen.

Beim Erlernen schwieriger Hebungen und Würfe ist es unbedingt erforderlich, Hilfestellungen zu leisten. Während des Wurfes wird die Partnerin vom Partner nach oben geworfen und dann wieder aufgefangen. Sie kann ihre Haltung in der Luft verändern oder auch die Pose unverändert lassen. Derjenige, der Hilfestellung leistet, muss neben den Ausführenden stehen, und im Falle eines Sturzes für die Sicherheit der Partnerin sorgen. Die Regeln für die Hilfeleistung werden für jede einzelne Übung am konkreten Beispiel erläutert.

Bei Hebungen der Partnerin auf die Schulter, auf die Brust und mit gestreckten Armen darf der Partner seinen Oberkörper nicht durchbiegen. Sein Rücken muss stets gerade sein, da die Wirbelsäule und die Knie besonders anfällig für Verletzungen sind.

Innerhalb der Schulpraxis ist es verboten, Hebungen nur auf Kosten der eigenen physischen Kraft auszuführen. Es ist erforderlich, das Heben der Partnerin so zu lehren, dass der Partner ihren Sprung maximal ausnutzen kann und dadurch nur ein Minimum an Kraft aufwenden muss. Es darf den Schülern nicht gestattet sein, selbstständig schwierige Übungen auszuprobieren, die noch nicht im Unterricht erarbeitet worden sind.

In Ballettkreisen existiert der Begriff »bequeme« und »unbequeme« Partnerin; es gibt aber auch »schwere« und trotzdem »bequeme« Partnerinnen, wie auch »leichte« und trotzdem »unbequeme« Partnerinnen. Mit dem Begriff »bequem« bezeichnet man die Partnerin, die über gute professionelle Voraussetzungen verfügt, die die Form und Technik des Klassischen Tanzes beherrscht, mutig und wendig ist, dem Partner vertraut und sich schnell in jeder schwierigen Situation zurechtfindet.

Auch im Pas-de-deux-Unterricht gelten die Regeln des Klassischen Tanzes und sind mit höchstmöglicher Exaktheit wie im Pas seul auszuführen. Selbstverständlich gilt diese Forderung für beide Partner, wobei von der Partnerin eine ganz besondere Anspannung der gesamten Muskulatur verlangt wird. Damit erleichtert sie in bedeutendem Maße die Hebungen. Korrekturen ihrer Lage beziehungsweise selbstständige Verbesserungen der Pose während der Hebung sind ebenso unzulässig wie Versuche, das Gleichgewicht erreichen zu wollen. Das Signal für den Beginn einer Hebung oder eines Sprunges wird von einem der Partner und für den Zuschauer nicht wahrnehmbar gegeben. Die Art des Signals hängt vom Ansatz ab, den die Hebung erfordert, und von der Ausgangshaltung, in der sich die Partner befinden. Die wichtigste Eigenschaft und Qualität der Partner bei Hebungen und Würfen ist die Fähigkeit, den richtigen Moment des Beginns der Bewegung zu erfassen und die Ausführung aller weiteren Bewegungen zu koordinieren.* Die Partnerin muss ihren Anlauf und Absprung so berechnen, dass sie nicht am Partner »vorbeifliegt«. Der Endpunkt ihrer Flugbahn liegt in seinen Armen, auf seiner Schulter, auf seiner Brust usw. Die Beachtung dieser Regeln erleichtert die große physische Belastung, die der Partner im Pas de deux zu tragen hat.

* Dabei spielt auch die musikalische Erziehung der Partner eine wesentliche Rolle (Anmerkung d. Herausgeber).

Kleine Sprünge und kleine Hebungen bis auf Brust- und Schulterhöhe des Partners

Alle kleinen Sprünge, die es im Klassischen Tanz gibt – temps levé, sauté, changement de pieds, petit pas assemblé, petit pas jeté, jeté fermé, jeté entrelacé, sissonne, sissonne fermée, sissonne fondue, soubresaut, pas de chat, pas de basque, cabriole usw. –, werden ohne Ausnahme auch mit dem Partner erlernt.

Die Sprünge lehrt man in der gleichen Reihenfolge wie im Pas seul, das heißt Sprünge von zwei Beinen auf zwei Beine, von zwei Beinen auf ein Bein, von einem Bein auf das andere, von einem auf dasselbe Bein. Der Partner hält die Partnerin mit beiden Händen an der Taille, an beiden Armen und an einem Arm. Der Partner muss bestrebt sein, eine hohe Leichtigkeit bei Hebungen und Weichheit bei Landungen zu erzielen. Jedem beliebigen Sprung geht ein demi-plié voraus. Das demi-plié führt die Partnerin nach einem kaum bemerkbaren Signal des Partners aus: Er drückt leicht mit seinen Händen auf ihre Taille, als ob er sie auffordern wolle, ins demi-plié zu gehen. Wenn er vor dem Beginn der Hebung gemeinsam mit ihr ins demi-plié geht, darf er sie nur nach oben heben, sie nicht von sich weg nach vorn schieben oder sie zu sich heranziehen. Nach Sprüngen mit Wechsel der Fußpositionen wechselt das épaulement. Dabei unterstützt sie der Partner, indem er den Körper der Partnerin in die erforderliche Richtung wendet. Beim temps lié sauté muss der Partner lernen, die Partnerin mit dem Absprung nach vorn, zur Seite beziehungsweise nach rück zu »tragen«.

Bei den Sprüngen sissonne fermée, pas ballonné usw., die mit Fortbewegung nach vorn, zur Seite oder nach rück ausgeführt werden, ist es für den Partner erforderlich, sich gemeinsam mit der Partnerin vom Platz zu bewegen und sie nach jedem Sprung weich auf dem Boden abzusetzen, ohne dass sie dabei an Standfestigkeit verliert. Bei pas ballonné stützt der Partner die Partnerin in der Regel nicht so, dass er sich hinter ihr, sondern neben ihr, entweder links oder rechts, befindet.

Sprünge mit beiden Händen an der Taille

1. Beispiel *Changement de pieds*

Die Partnerin steht in der V. Position, rechtes Bein vorn, Arme in der vorbereitenden Haltung. Der Partner steht hinter der Partnerin, beide Hände an ihrer Taille.

Mit dem demi-plié der Partnerin geht er ebenfalls ins demi-plié. Ohne die Hände von der Taille zu lösen, verändert er die Haltung seiner Handflächen so, dass seine Finger leicht nach oben zeigen (siehe Abbildung 51).

Abb. 51 Changement de pieds mit beiden Händen an der Taille

Diese Art der Handhaltung des Partners ist charakteristisch für die Mehrheit der Hebungen und Sprünge, bei denen die Partnerin mit beiden Händen an der Taille gefasst wird. Danach wechselt die Partnerin die Beine, und der Partner lässt sie wieder weich ins demi-plié herab.

2. Beispiel *Pas assemblé (mit Fortbewegung zur Seite)*

Die Partnerin steht in der V. Position, rechtes Bein rück, Arme in der vorbereitenden Haltung. Der Partner steht hinter ihr, etwas näher an ihrer rechten Schulter, beide Hände an ihrer Taille (siehe Abbildung 52).

Beide Partner führen gleichzeitig pas glissade mit dem rechten Bein auf der Diagonale zu Punkt 2 aus. Danach geht die

Abb. 52 Grand pas assemblé mit beiden Händen an der Taille

Partnerin zum pas assemblé über, und der Partner hebt sie dabei an; er trägt sie ein kleines Stück in Richtung zu Punkt 2, bleibt einen Augenblick stehen und lässt sie weich auf den Boden in die V. Position herab.

Da der Körper der Partnerin während des pas assemblé mit der rechten Hüfte zu Punkt 2 gewendet ist, muss ihn der Partner bereits zu Beginn des Sprunges in dieser Haltung abheben.

3. Beispiel *Sissonne ouverte in 1. arabesque*

Die Partnerin steht in der V. Position, rechtes Bein vorn, Arme in der vorbereitenden Haltung. Der Partner steht hinter ihr, die Hände an ihrer Taille. Mit dem gemeinsamen demi-plié verändert der Partner seine Handhaltung auf der Gürtellinie wie folgt: die rechte Hand etwas nach vorn, wobei die Finger nach oben zeigen; die linke Hand etwas nach rück und nach oben in die Nähe des linken Schulterblattes, ebenfalls mit nach oben gerichteten Fingern. Eine solche Veränderung der Handhaltung gibt die Möglichkeit, die 1.arabesque richtig in der Luft zu fixieren und erleichtert die Hebung (siehe Abbildung 53).

Danach, gleichzeitig mit ihrem Absprung, hebt er sie an und

Abb. 53
Sissonne ouverte in 1. arabesque mit beiden Händen an der Taille

lässt sie weich auf das rechte Bein in die 1. arabesque auf den Boden herab. Anfangs sollte die Hebung nicht zu hoch sein; denn weitaus wichtiger ist es, den Sprung in die Weite zu führen. Die beschriebene Handhaltung ist charakteristisch für die Sprünge grand jeté, sissonne, soubresaut und cabriole in der 1., 2., 3. und 4. arabesque und anderen Posen.

Sprünge mit Fassung an beiden Händen und kombinierte Fassungen

1. Beispiel *Grand assemblé mit Einhandfassung und einer Hand an der Hüfte*

Die Partnerin steht auf dem rechten Bein in der 1. arabesque, Gesicht zu Punkt 2. Der Partner steht einen Schritt hinter ihr. Mit der linken Hand hält er ihre linke Hand von unten, Handfläche in Handfläche. Sein rechter Arm ist nach vorn, diagonal nach oben gestreckt. Das linke Bein ist rück aufgesetzt (siehe Abbildung 54).

Die Partnerin führt pas chassé und tombé auf das linke Bein aus und anschließend ein grand assemblé auf der Diagonale zu Punkt 6. Der Absprung erfolgt ausschließlich in die Höhe. Mit

Abb. 54 Grand pas assemblé mit Einhandfassung und der anderen Hand an der Taille

dem pas chassé legt der Partner seine rechte Hand an ihre linke Hüfte (mit den Fingern nach oben) und gleichzeitig bewegt er sich mit ihrem pas chassé vom Platz. Danach macht er einen großen Schritt mit dem linken Bein zu Punkt 6 und beendet die Bewegung mit einem großen Ausfallschritt auf das rechte Bein. Im Moment des pas assemblé hebt der Partner die Partnerin im Fluge von sich weg in die Höhe mit dem rechten Arm, der im Ellenbogen durchgestreckt wird. Mit dem linken Arm zieht er sie nicht zu stark zu sich heran (diese Gegenbewegung ähnelt dem Spannen eines Bogens). Auf diese Weise kann die Landung äußerst weich erfolgen.

2. Beispiel

Grand assemblé um den Partner mit Fassung an beiden Händen (Ausgangshaltung wie im vorigen Beispiel)

Die Partnerin führt eine Wendung zum Partner aus und hebt dabei den rechten Arm in die 3. Position. Ihre Handfläche ist zum Partner gewendet. Der Partner dreht gleichfalls die Handfläche seiner rechten Hand zur Partnerin und greift ihre Hand, Handfläche in Handfläche (siehe Abbildung 55).

Nach sissonne tombée auf das linke Bein führt die Partnerin pas assemblé aus. Sie wirft mit dem Absprung das rechte Bein hinter den Rücken des Partners zu Punkt 3, sodass der pas assemblé rechts neben ihm beendet wird. Mit dem Absprung

Abb. 55 Grand pas assemblé um den Partner mit Fassung an beiden Händen

streckt der Partner beide Arme nach oben, hebt sie auf diese Weise hoch und hilft ihr damit beim pas assemblé um den Partner. Dabei neigt er seinen Oberkörper leicht nach vorn. Die Partnerin soll diesen pas assemblé mit geringstem Abstand um den Partner ausführen. Sie beendet den pas assemblé in der V. Position und führt anschließend ein soutenu en tournant über links aus, währenddessen der Partner ihre Arme durch alle 3 Positionen führt und sie damit in der Drehung unterstützt.

In der weiteren Arbeit am assemblé um den Partner gehen die Partner etwa drei bis vier Schritte auseinander und ihre Hände fassen sich erst im Moment des Anlaufs. Als Anlauf können dienen: pas chassé, pas de bourrée und andere, aber vor dem assemblé erfolgt in der Regel immer ein tombé.

3. Beispiel *Jeté entrelacé mit Fassung an einer Hand und einer Hand unter dem Diaphragma (Zwerchfell)*

Ausgangshaltung wie im ersten Beispiel. Die Partnerin führt pas chassé, tombé und danach entrelacé auf der Diagonale von Punkt 2 zu Punkt 6 aus. Beim pas chassé greift der Partner als Unterstützung mit seiner rechten Hand unter das Diaphragma; dabei sind die Fingerspitzen abwärts gerichtet. Sein linker Arm und der linke Arm der Partnerin befinden sich in der 1. Position. Im Moment des Absprunges ist der Partner bestrebt, mit

Abb. 56
Jeté entrelacé mit Einhandfassung und der anderen Hand am Diaphragma

seiner rechten Hand den Körper der Partnerin hochzuheben, während seine linke Hand als Stütze für ihre linke Hand dient. Danach bemüht sich der Partner mit Hilfe beider Arme, die Partnerin so zu unterstützen, dass die Landung maximal weich erfolgen kann. Das jeté entrelacé endet in der 2. arabesque oder in der attitude effacée (siehe Abbildung 56).

Der gleiche Ansatz wird beim Erlernen des fouetté sauté (en tournant) in attitude beziehungsweise anderer Posen ange-

Abb. 57
Übergang von einer Pose attitude effacée in die horizontale Lage

wendet. Die Ausgangshaltungen sollten vom Pädagogen variiert werden.

4. Beispiel *Übergang der Partnerin aus der Pose attitude effacée in die horizontale Lage auf den Armen des Partners*

Die Partnerin steht in der attitude effacée auf dem linken Bein. Mit dem linken Arm stützt sie sich auf beide Schultern des Partners, als würde sie seinen Hals umarmen. Er steht links von ihr, mit dem Gesicht zu Punkt 1 und hält sie, indem er ihre Taille mit seinem rechten Arm umfasst. Sein linker Arm ist in der 2. Position (siehe Abbildung 57).

Die Partnerin geht von der Spitze ins demi-plié, das rechte Bein führt grand battement jeté nach vor zu Punkt 7 mit gleichzeitigem Absprung aus. Dabei neigt sie den Oberkörper in die Horizontale, mit dem Rücken nach unten und zieht gleichzeitig ihr linkes Bein an das rechte. In dem Moment, wo sie grand battement jeté ausführt, wirft der Partner sie mit seiner rechten Hand etwas nach oben und mit der linken Hand umfasst er von oben ihren rechten Oberschenkel. Die Partnerin muss im Moment des Überganges zur Horizontale jeden »Winkel« vermeiden, das heißt, sie darf nicht die vertikale Haltung des Oberkörpers in der Luft fixieren, sondern muss gleichzeitig mit dem Wurf des Beines ihren Oberkörper zurückneigen.

Danach hebt der Partner mit der Kraft beider Arme und des Oberkörpers die Partnerin und richtet sie in der Luft zur Ver-

tikale auf. Er verlagert den Schwerpunkt seines Körpers auf sein linkes Bein und dreht seinen Oberkörper so, dass sich die Partnerin mit ihrem Rücken zu Punkt 7 befindet; geht auf dem linken Bein ins demi-plié und stellt die Partnerin auf den Boden. Ihre Fußspitzen müssen sich dabei auf der äußeren Seite seines linken Fußes befinden. Die Partnerin muss während der gesamten Übung exakt die Grundhaltung fixieren.

Sprünge mit Fassung an einer Hand

Im szenischen Pas de deux sind oft Sprünge vorhanden, bei denen die Partnerin an einer Hand beziehungsweise am Handgelenk gehalten wird. Darum sollten in die Lehrbeispiele und Etüden möglichst viele verschiedene Sprünge mit Fassung an einer Hand aufgenommen werden.

1. Beispiel *Pas sissonne in der 1. arabesque mit Fassung an einem Handgelenk*

Die Partnerin steht in der V. Position, das rechte Bein vorn, Arme in der vorbereitenden Haltung. Der Partner steht in der gleichen Pose hinter ihr. Beide führen zusammen sissonne tombée auf das rechte Bein aus. Dann folgt der pas sissonne der Partnerin in die 1. arabesque. Dabei fasst und unterstützt sie der Partner mit der rechten Hand am rechten Handgelenk. Danach führt die Partnerin pas failli und pas assemblé in die V. Position oder eine andere Bewegung aus.

2. Beispiel *Grand fouetté sauté mit Fassung an einer Hand*

Die Partnerin steht in der 1. arabesque auf dem linken Bein mit dem Gesicht zu Punkt 8. Der Partner steht einen Schritt hinter ihr, mit seiner rechten Hand hält er ihre rechte Hand, Handfläche in Handfläche (siehe Abbildung 58).

Dann zieht er sie an der Hand etwas zu sich heran, während sie pas chassé auf der Diagonale zu Punkt 4 ausführt. In die gleiche Richtung führt sie danach grand fouetté sauté aus und endet in der Pose attitude croisée. Bei der Ausführung des grand fouetté stützt sich die Partnerin auf seine Hand; dadurch gewinnt ihr Sprung an Höhe. Der rechte Arm muss dabei unverändert in der 1. Position bleiben.

Abb. 58
Grand fouetté sauté mit Fassung an einer Hand

Kleine Hebungen

1. Beispiel *Hebung aus einer »fallenden« Haltung*

Die Partnerin steht in der V. Position, rechtes Bein vorn, Arme in der 3. Position; der Partner ist hinter ihr. Er führt einen Ausfallschritt mit dem rechten Bein aus und lässt die Partnerin in den Winkel seines rechten Ellenbogens »fallen«. Gleichzeitig umfasst er mit seiner linken Hand von oben ihren rechten Oberschenkel und hebt sie so, dass sie horizontal in seinen Armen liegt (siehe Abbildung 57).

Danach setzt er sie mit beiden Beinen auf den Boden ab. (Der Ansatz ist bereits beschrieben worden.)

2. Beispiel *Hebung in der 1. arabesque*

Die Partnerin steht auf dem rechten Bein in der 1. arabesque auf Spitze, der Partner steht hinter ihr, mit den Händen fasst er ihre Taille.

Er geht etwas nach unten, umfasst mit dem rechten Arm von unten ihre Taille, sodass die Fingerspitzen ihre linke Hüfte berühren, während sein linker Arm die Mitte ihres linken Oberschenkels von oben umfasst (siehe Abbildung 59).

Dann streckt er beide Beine, hebt die Partnerin hoch und verlagert sein Körpergewicht auf das rechte Bein. Während der

Abb. 59
Hebung in der 1. arabesque

Hebung winkelt die Partnerin die Spitze ihres Standbeines zur Mitte des Unterschenkels des anderen Beines an (vor oder rück). Beim Heben darf der Partner nicht die Harmonie der Pose der Partnerin zerstören. Sie neigt während der Hebung Oberkörper und Kopf leicht nach rück.

Die Partnerin wird auf folgende Weise in die Ausgangshaltung zurückgebracht: Der Partner überträgt noch mehr sein Körpergewicht auf das rechte Bein und hebt dabei ein wenig die Partnerin an. In diesem Augenblick senkt sie das rechte Bein. Dann führt der Partner ein demi-plié auf dem rechten Bein aus, ohne den Oberkörper nach vorn zu neigen, und setzt die Partnerin auf das rechte Bein ab. Wenn sie den Boden berührt, führt der Partner seine Hände an ihre Taille, erst die linke und dann die rechte Hand.

3. Beispiel *»Schwalbe« auf dem Oberschenkel des Partners**

Die Partnerin steht in der 1. arabesque, der Partner hält sie in beiden Armen. Er hebt sie hoch und legt sie dann auf seinen linken Oberschenkel, nachdem er vorher mit dem linken Bein einen Ausfallschritt ausgeführt und das rechte Bein zum Abstützen nach vor in Richtung zu Punkt 2 ausgestreckt hat.

* »Schwalbe« ist eine Pose der Partnerin, bei der Oberkörper und Kopf stark zurückgebogen sind. Die Unterschenkel werden so angewinkelt, dass sie sich überkreuzen. Die Arme werden in der 2. Position allongée nach rück geöffnet. Die Pose erinnert an den Flug der Schwalbe.

Abb. 60 Die Pose »Schwalbe« auf den Hüften des Partners

In dem Augenblick, in dem der Partner die Partnerin hebt, streckt sie das Bein, führt es schnell zum linken, und nimmt die Pose »Schwalbe« ein. Bevor der Partner sie auf seinen linken Oberschenkel legt, dreht er seinen Körper so, dass die Partnerin an seiner Seite und nicht vor ihm liegt (siehe Abbildung 60).

Ihre abgewinkelten Unterschenkel berühren mit den Fersen sein linkes Schulterblatt. Mit dieser Hilfe kann sie sich auf seinem Oberschenkel halten. Sobald der Partner spürt, dass die Fersen sein Schulterblatt berühren, neigt er seinen Oberkörper nach rück und unterstützt damit die Partnerin, sodass sie nicht nach vorn fallen kann. Anfangs lässt er seine Hände an ihrer Taille, später öffnen sich die Arme; der linke zur Seite, der rechte nach vor.

Der Partner bringt die Partnerin zur Ausgangshaltung zurück, indem er mit seinem rechten Arm unter ihre Taille fasst und mit dem linken Arm den linken Oberschenkel umfasst. Er streckt dann beide Beine und setzt die Partnerin in die 1. arabesque am Boden ab.

4. Beispiel

1. arabesque auf dem Oberschenkel des Partners

Die Partnerin steht auf dem linken Bein mit dem Rücken zu Punkt 4, das rechte ist vorn mit der Spitze à terre aufgesetzt; der rechte Arm ist in der 2. Position, der linke in der 1. Position, die Handflächen sind nach unten gewendet.

Der Partner kniet zwei Schritte vor ihr auf dem linken Bein,

Abb. 61
1. arabesque auf dem Oberschenkel des Partners mit beiden Händen an der Taille

rechte Seite zur Partnerin; sein rechter Arm ist in der 3. Position, sein linker in der 2. Position, Handflächen nach unten.

Sein rechter Oberschenkel soll im rechten Winkel zur Diagonale von Punkt 4 zu Punkt 8 stehen.

Die Partnerin macht einen Schritt mit dem rechten Bein und tritt dann mit dem linken Bein auf den rechten Oberschenkel des Partners (ganz dicht an seinen Körper) und stellt sich in die 1. arabesque. Er fasst sie mit beiden Händen an die Taille, die rechte Hand an den Gürtel und die linke unter das Diaphragma (siehe Abbildung 61).

Abb. 62
1. arabesque auf dem Oberschenkel des Partners, beide Hände gefasst

Diese Pose wird ebenfalls mit Fassung an beiden Händen gelehrt (siehe Abbildung 62).

Sollte die Partnerin die 1. arabesque auf dem Oberschenkel des Partners aus dem Sprung einnehmen, so werden als Ansatzbewegungen pas couru oder pas glissade und dann jeté ausgeführt. Sie muss dabei so auf den Oberschenkel des Partners springen, dass sie selbst das Gleichgewicht und den Halt findet. Bei diesem Ansatz mit Sprung muss der Partner nicht unbedingt knien, sondern er kann in einen Ausfall gehen, und zwar so, dass Oberschenkel und Oberkörper in einem rechten Winkel zueinander stehen. Springt die Partnerin auf den rechten Oberschenkel, dann ist sein linkes Bein zum Abstützen diagonal zu Punkt 8 aufgestellt; springt sie auf den linken Oberschenkel, dann ist das rechte Bein diagonal zu Punkt 2 aufgestellt.

Die Rückkehr zum Boden kann in verschiedenen Varianten gelehrt werden.

Variante a: Die Partnerin steht mit dem linken Bein auf dem Oberschenkel des Partners in der 1. arabesque. Sie führt ihr Spielbein über die Haltung passé in die Pose effacée vor. Dann »fällt« sie auf das rechte Bein in Richtung zu Punkt 2 und landet am Boden in der 1. oder 2. arabesque. Dabei stützt der Partner sie mit beiden Händen an der Taille und trägt wesentlich zu einer weichen Landung bei.

Variante b: Die Partnerin steht in der 1. arabesque auf dem Oberschenkel des Partners, führt passé développé in Pose croisée vor aus und »fällt« in Richtung zu Punkt 8 auf das rechte Bein. Der Partner umfasst mit dem linken Arm die Taille von unten, mit dem rechten den rechten Oberschenkel von oben und setzt sie dann am Boden ab.

5. Beispiel *»Fisch« aus einer Fassung an einer Hand*

Die Partnerin sitzt am Boden mit dem Gesicht zu Punkt 2. Der Partner steht in einer beliebigen Pose zwei Schritte vor ihr. Er macht einen Ausfallschritt auf das linke Bein zur Partnerin und reicht ihr die rechte Hand mit der Handfläche nach oben. Sie legt ihre rechte Hand von oben auf seine Handfläche. Mit einem Ruck zur Schulter zieht der Partner sie zu sich. In diesem Augenblick stößt sie sich vom Boden ab, zuerst mit dem linken

Abb. 63
Pose »Fisch« in den Armen des Partners

Bein und dann, nachdem sie das Gewicht auf das rechte Bein übertragen hat, auch mit dem rechten Bein. Gleich nach dem Absprung lässt sie die Hand des Partners los und nimmt die Pose »Fisch« ein. Der Partner umfasst ihre Taille von unten mit dem rechten Arm, mit dem linken Arm ihren linken Oberschenkel (siehe Abbildung 63).

Der Partner leitet das Heranreißen der Partnerin zu sich ein, indem er ihren Arm etwas in die entgegengesetzte Richtung stößt. Diese Gegenbewegung ist kaum wahrzunehmen und erfolgt in der Regel auf den Auftakt. Dieses Signal gewährleistet einen koordinierten und von einheitlichem Tempo bestimmten Bewegungsablauf. Die Partnerin darf die Bewegung nicht selbstständig beginnen, indem sie sich an dem Arm hochzieht. Sie darf ebenfalls nicht den Arm im Ellenbogen knicken, weder vor noch nach dem Hochreißen. Dieser Sprung wird auch mit Drehung der Partnerin in der Luft gelehrt, sodass sie am Ende auf den Armen des Partners liegt, mit dem Rücken zum Boden gerichtet.

Unvollständige Wendung in den Armen mit einem Hochwerfen in die Luft

Bei einer Wendung dieser Art dreht der Partner die Partnerin grundsätzlich zu sich und nicht von sich weg. Im Folgenden wird ein für den Lehrprozess charakteristisches Beispiel beschrieben:

Aus der 1. arabesque in die horizontale Lage.

Die Partnerin liegt in der 1. arabesque in den Armen des Partners. Der Partner geht etwas ins demi-plié und wirft die

Partnerin mit einer Drehung leicht nach oben. In diesem Augenblick führt sie schnell ihre Arme in die 3. Position, streckt das rechte Bein in die V. Position und macht eine Wendung um 180° über links, wobei sie ihren Körper in die horizontale Lage bringt (Rücken nach unten).

Der Partner soll die Partnerin mit dem linken Arm von oben um den rechten Oberschenkel fassen, mit dem rechten Arm greift er unter das Kreuz.

Die Rückkehr der Partnerin zum Boden ist im Kapitel »Kleine Hebungen« erklärt worden.

Die gleiche Wendung wird dann in einer anderen Reihenfolge gelehrt, das heißt aus der horizontalen Lage mit dem Rücken zum Boden beginnend mit Abschluss in der 1. arabesque.

Sprünge in die Arme

1. Beispiel *Jeté entrelacé in die Arme des Partners mit Abschluss in der Pose »Fisch«*

Die Partnerin steht in der 1. arabesque mit dem Gesicht zu Punkt 2. Der Partner befindet sich zwei Schritte hinter ihr, auf der Diagonale von Punkt 2 zu Punkt 6, in einer vom Pädagogen angegebenen Pose.

Sie führt pas chassé und tombé auf das linke Bein aus, dann jeté entrelacé diagonal zu Punkt 6 und nimmt in der Luft die Pose »Fisch« ein.

Beim jeté entrelacé verlagert der Partner sein Körpergewicht auf das rechte Bein und fasst mit der nach vorn gestreckten rechten Hand, deren Handfläche nach oben gerichtet ist, die Partnerin so an der Taille, dass seine Fingerspitzen ihren linken Beckenknochen berühren. Mit seiner linken Hand umfasst er von oben ihren linken Oberschenkel. Die Partnerin muss das Herantreten wie auch den Sprung so berechnen, dass letzterer genau in den Armen des Partners endet.

Je exakter jeté entrelacé ausgeführt wird, umso leichter und sauberer gelingt die Hebung.

2. Beispiel *Sprung in die Arme des Partners mit Abschluss in der horizontalen Lage, Rücken nach unten*

Die Partnerin steht mit dem Rücken zu Punkt 3 auf dem linken Bein, in der Pose croisée vor à terre. Der Partner steht mit

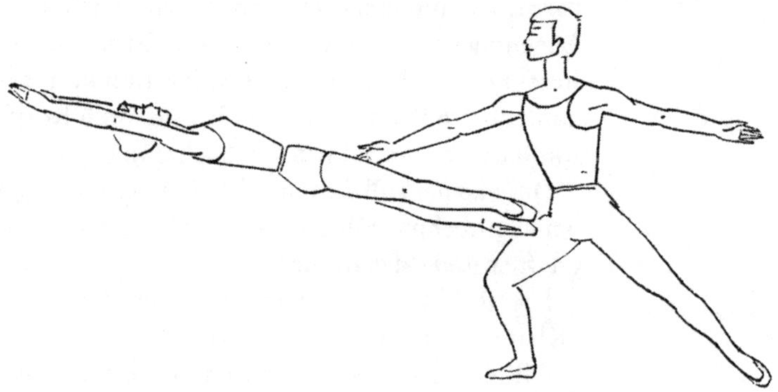

Abb. 64 Der Moment des Sprunges (horizontale Lage)

dem Gesicht zu Punkt 1, drei bis vier Schritte von der Partnerin entfernt, auf der Linie von Punkt 3 zu Punkt 7, in einer vom Pädagogen angegebenen Pose.

Die Partnerin führt pas glissade zum Partner aus, dann stößt sie sich stark mit dem linken Bein vom Boden ab und bringt ihren Körper in die horizontale Lage. Die Arme nehmen die 3. Position ein (siehe Abbildung 64). Beim Übergang in die horizontale Lage muss die Partnerin streng auf eine saubere Haltung achten, das heißt der Oberkörper darf nicht nach hinten gebogen werden oder durchhängen.

Während des pas glissade macht der Partner einen Ausfallschritt mit dem rechten Bein, neigt den Oberkörper zur Partnerin und fasst sie »im Flug« mit dem rechten Arm unter dem Kreuz, mit dem linken Arm von oben um den rechten Oberschenkel.

Am Anfang des Erlernens stützt sich die Partnerin mit dem linken Arm auf beiden Schultern des Partners ab, indem sie ihn um den Hals fasst. Der Sprung wird mit mehreren Ansätzen gelehrt: mit pas de bourrée, pas couru und anderen. Die Partnerin hat jedes Mal ihr Herangehen sowie den Sprung so zu berechnen, dass sie nicht an dem Partner »vorbeifliegt«.

3. Beispiel *Grand fouetté sauté in die Arme des Partners mit Abschluss in der Pose »Fisch«*

Die Ausgangshaltung ist die gleiche wie im vorangegangenen Beispiel.

Die Partnerin führt pas glissade aus, wirft das linke Bein nach vorn zu Punkt 7 und führt grand fouetté sauté in die 1. arabesque aus.

Der Partner fängt sie in der Luft; mit dem rechten Arm fasst er sie von unten an der Taille, mit dem linken von oben um ihren linken Oberschenkel. In seinen Armen nimmt sie die Pose »Fisch« ein. Bei diesem Sprung ist besonders zu beachten, dass die Partnerin, nachdem sie in der Luft fouetté beendet hat, ihren »Flug« mit dem Rücken zum Partner fortsetzt. Nach beendetem Sprung sollen die Schulterblätter der Partnerin fest an die Brust des Partners gedrückt sein (siehe Abbildung 65).

Abb. 65 Grand fouetté sauté zum Partner

4. Beispiel

Grand jeté in die Arme des Partners mit Fixieren der Pose während des »Fluges« (ein Arm umfasst ihre Taille)

Die Partnerin steht in der oberen rechten Ecke auf dem linken Bein, in der Pose croisée vor, am Boden mit dem Rücken zu Punkt 4. Der Partner steht in der Mitte des Saales, mit dem Gesicht zur Partnerin, vier bis fünf Schritte von ihr entfernt in einer vom Pädagogen angegebenen Pose.

Zuerst führt sie pas couru und dann grand jeté in der Pose attitude effacée zu Punkt 8 aus. Sie berechnet den Anlauf und den Sprung so, dass der »Flug« genau in den Armen des Partners endet. Beim pas couru führt der Partner einen Ausfallschritt nach vorn auf das rechte Bein aus und umfasst mit dem nach vorn gestreckten rechten Arm die ihm entgegen »fliegende« Partnerin an der Taille. Sein linker Arm bleibt in der 2. Position. Während des Sprunges umfasst die Partnerin mit dem linken Arm den Hals des Partners und stützt sich somit fest auf seinen beiden Schultern ab (siehe Abbildung 66).

Abb. 66
Grand jeté in die 2. arabesque. Ein Arm umfasst die Taille

Nachdem der Partner die Partnerin aufgefangen hat, führt er mit ihr zwei, drei oder mehr Drehungen auf der Diagonale zu Punkt 8 aus.

Die Bewegung endet in der 2. arabesque im demi-plié (der Partner stützt die Partnerin leicht mit der linken Hand). Die Bewegung kann auch so beendet werden, dass die Partnerin während der letzten Drehung das linke Bein zum rechten heranführt und vom Partner auf seinen Oberschenkel abgesetzt wird (siehe Abbildung 67).

Abb. 67
Die Variante eines Abschlusses des grand jeté

5. Beispiel *Sprung der Partnerin mit freiem Anlauf in die Arme des Partners mit Abschluss in der Pose »Fisch«*

Die Partnerin steht in der linken oberen Ecke, mit dem Rücken zu Punkt 6, in einer vom Pädagogen angegebenen Pose.

Die Partnerin läuft an, führt einen kleinen pas assemblé mit dem rechten Bein aus, stößt sich kräftig mit beiden Beinen vom Boden ab und springt zum Partner. Während des Sprunges nimmt sie die Pose »Fisch« ein. Der Sprung ist so auszuführen, dass er hauptsächlich in die Höhe und zur rechten Schulter des Partners gerichtet ist. Die Flugbahn muss genau in den Armen des Partners enden.

Während des Sprunges führt der Partner einen Ausfallschritt auf das linke Bein aus, streckt seinen rechten Arm nach vorn, fasst die Partnerin von unten an der Taille und mit dem linken Arm am linken Oberschenkel (siehe Abbildung 68).

Abb. 68
Sprung in die
Pose »Fisch«

Nachdem er die Partnerin aufgefangen hat, verlagert er sein Körpergewicht vom linken auf das rechte Bein, wodurch er den »Flug« der Partnerin abfängt.

Am Anfang wird der Absprung von zwei Beinen ausgeführt: nach einem pas assemblé, später dann von einem Bein: mit einem temps levé.

Derjenige, der Hilfestellung leistet, steht einen Schritt vom Partner entfernt mit dem Gesicht zu ihm, und hält seine linke Hand über den Mittelkörper der Partnerin.

Nachdem dieser Sprung beherrscht wird, ist er in der horizontalen Lage (mit dem Rücken nach unten) zu beenden. Die Partnerin dreht sich während des Sprunges um 180° über links, während der Partner sie mit dem rechten Arm unter dem Kreuz abfängt und mit dem linken Arm am linken Oberschenkel fasst (siehe Abbildung 69).

Dieser Sprung wird in dieser Raumstellung nicht vom linken Bein gelehrt.

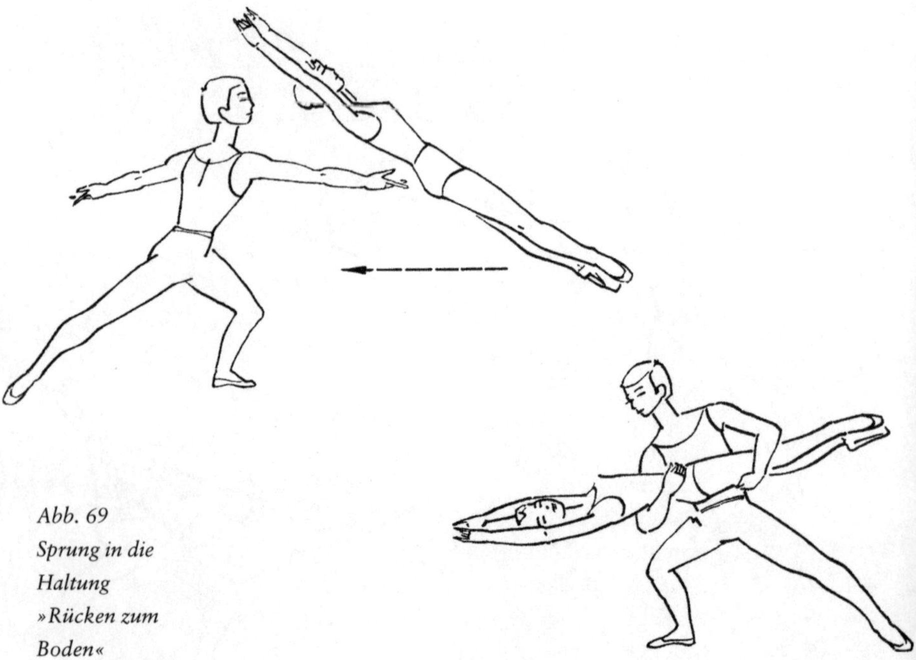

Abb. 69 Sprung in die Haltung »Rücken zum Boden«

Große Sprünge und Hebungen auf die Brust und die Schultern des Partners

Wenn die Pose der Partnerin auf der Brust oder auf den Schultern des Partners fixiert wird, muss der Partner die Fähigkeit erlernen, sich mit der Partnerin zu bewegen, sich auf einer Geraden oder im Kreis zu tragen, sich am Platze zu drehen und eine oder mehrere Wendungen auszuführen.

Hebungen auf die Brust und die Schultern

1. Beispiel *Hebung der Partnerin zum »Sitz« auf der Brust und der Schulter*

Die Partnerin steht in der V. Position, rechtes Bein vorn, Arme in der vorbereitenden Haltung. Der Partner steht hinter ihr, seine Hände liegen auf ihrer Taille.

Die Partnerin erhebt sich in der V. Position auf Spitze, öffnet etwas die Arme zur Seite, geht dann ins demi-plié und springt kräftig nach oben (wie bei changement de pied). Dabei führt sie ihre Arme in die 3. Position. Später können die Arme auch eine andere, vom Pädagogen angegebene Pose einnehmen.

Zusammen mit der Partnerin führt der Partner ein demi-plié aus, und im Augenblick ihres Absprunges wirft er sie kräftig nach oben. Danach macht er einen Schritt nach vorn, sodass er mit seinem Brustkorb unter ihr steht und verschiebt seine Hände von der Taille bis unter das Diaphragma, die Hände sind übereinandergelegt; dabei drückt er stark ihre Oberschenkel mit den Ellenbogen zusammen (siehe Abbildung 70).

Damit die Partnerin gut »sitzen« kann, muss sie sich etwas im Kreuz biegen, den Oberkörper aber gerade halten. Auf keinen Fall darf sie den Kopf nach vorn neigen.

Das rechte Bein ist nach vor auf 90° (croisé) angehoben und im Knie etwas angewinkelt, das linke Bein ist entweder gestreckt oder ebenfalls im Knie angewinkelt. Anschließend

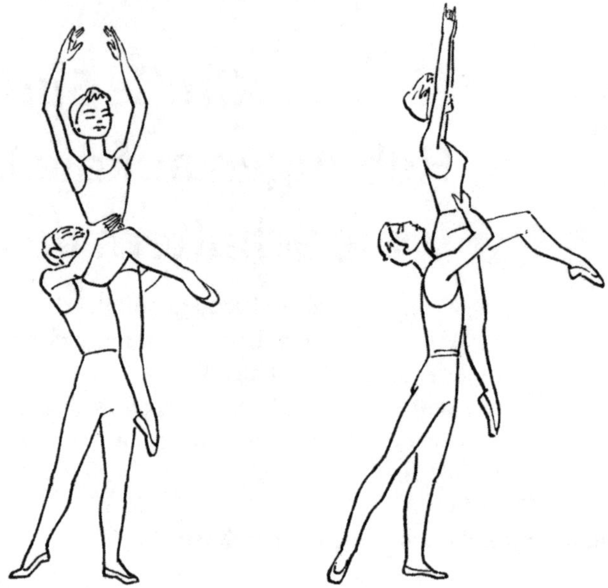

Abb. 70
Die Partnerin sitzt auf der Brust des Partners

fasst der Partner die Partnerin mit beiden Händen an ihre Taille und setzt sie weich auf den Boden ab. Die Partnerin richtet ihren Oberkörper gerade, indem sie beide Oberschenkel nach vorn bewegt und dann an der Brust des Partners nach unten auf den Boden gleitet, entweder auf ein Bein oder auf beide Beine.

Die Partnerin wird auf die Brust und auf die Schulter nach dem gleichen Prinzip gehoben. Bei der Hebung auf die rechte Schulter bleibt die rechte Hand des Partners seitlich an ihrer Taille, während die linke unter das Diaphragma der Partnerin fasst. Bei der Hebung auf die linke Schulter bleibt die linke Hand an der Taille und die rechte fasst unter das Diaphragma (siehe Abbildung 71).

Trägt die Partnerin ein Tutu, dann darf der Partner bei der Hebung auf die Brust oder auf die Schulter ihre Oberschenkel mit den Ellenbogen nicht zu fest zusammenpressen.

2. Beispiel *Hebung der Partnerin auf die Schulter in die Pose attitude allongée*

Die Ausgangshaltung ist die gleiche wie im vorangegangenen Beispiel.

Gleichzeitig mit dem Absprung der Partnerin hebt der Part-

Abb. 71
Die Partnerin sitzt auf der Schulter des Partners

ner sie schnell hoch, führt einen Schritt nach vorn aus und unterstellt ihr seine rechte Schulter. Seine rechte Hand bleibt an ihrer rechten Seite, während die linke unter ihr Diaphragma fasst. Sein Kopf ist leicht nach links geneigt und dicht an ihre linke Seite angelehnt (siehe Abbildung 72).

Abb. 72
Attitude allongée auf der Schulter des Partners

Auf der Schulter des Partners nimmt die Partnerin die Pose attitude allongée ein. Ihr linkes Bein ist angewinkelt und im Hüftgelenk nicht auswärtsgedreht. Die Partnerin liegt mit dem linken Oberschenkel auf der Schulter des Partners.

Die Fußspitze ihres linken Beines berührt das rechte Bein unter dem Knie. Später hält der Partner die Partnerin nur mit der rechten Hand, während die linke in die 2. Position geöffnet ist.

3. Beispiel

Hebung der Partnerin auf die Schulter mit Fassung an beiden Händen

Die Partnerin steht auf dem rechten Bein auf Spitze, das linke Bein croisé vor, nicht auswärts; das Knie ist angewinkelt und zu Punkt 3 gerichtet. Der rechte Arm ist in der 1. Position, die Handfläche nach unten gerichtet; der linke Arm ist in der 2. Position, die Hand ist maximal einwärts gedreht und mit dem Handrücken zu Punkt 1 gerichtet. Der Partner steht links neben ihr, mit dem Gesicht zu Punkt 1. Mit der rechten Hand, deren Handfläche nach oben gerichtet ist, hält er die rechte Hand der Partnerin (Handfläche in Handfläche), mit der linken Hand (der linke Arm ist im Ellenbogen abgebogen), deren Handfläche zu Punkt 1 gerichtet ist, hält er die linke Hand der Partnerin (Handfläche in Handfläche; siehe Abbildung 73).

Danach lässt sich der Partner auf das rechte Knie nieder (möglichst nahe an der Partnerin), bleibt jedoch mit dem

Abb. 73 Hebung auf die Schulter mit Fassung an beiden Händen

Gesicht zu Punkt 1 und schiebt seine rechte Schulter unter ihren linken Oberschenkel. Sie setzt sich von oben auf seine Schulter. Dabei bleibt ihr Körper senkrecht, beide Oberarme sind in den Ellenbogen gestreckt, der Kopf ist etwas nach links geneigt und gedreht.

Die Hebung ist nur mit der Beinkraft auszuführen, der Oberkörper des Partners bleibt absolut gerade.

Die Rückkehr der Partnerin zum Boden wird in folgenden Varianten gelehrt:

Der Partner lässt sich erneut auf dem rechten Knie nieder, während die Partnerin sich auf den Boden auf das rechte Bein stellt.

Der Partner macht mit dem rechten Bein einen Ausfallschritt zur Seite und neigt seinen Körper ein wenig in die gleiche Richtung, während die Partnerin von seiner Schulter herunterrutscht und auf dem Boden in die V. Position, demi-plié, gleitet.

4. Beispiel *Hebung der Partnerin auf die Schulter in die »liegende« Haltung (mit dem Rücken nach unten)*

Variante a: Die Partnerin steht in der V. Position auf Spitze, das linke Bein vorn, die Arme in der 3. Position. Der Partner, steht hinter ihr. Er lässt sich auf das rechte Knie herab und umfasst mit dem rechten Arm ihre Taille, der linke ist in der 2. Position. Die Partnerin neigt sich nach rück und legt sich mit dem Kreuz auf

Abb. 74 Die Partnerin liegt mit dem Rücken auf der Schulter des Partners

die rechte Schulter des Partners. Danach richtet sich der Partner auf, indem er beide Beine streckt und auf diese Weise die Partnerin hochhebt. Wird eine horizontale Lage der Partnerin auf der Schulter des Partners verlangt, dann fasst er sie mit der linken Hand von unten am linken Oberschenkel und hebt ihre Beine an, bis sie die horizontale Lage erreicht hat (siehe Abbildung 74).

Variante b: Die Partnerin liegt in der Pose »Fisch« in den Armen des Partners. Er hebt sie mit beiden Händen so auf seine rechte Schulter, dass sie mit dem Kreuz auf der Schulter liegt.

In der Bühnenpraxis gibt es noch Haltungen, bei denen die Partnerin auf der Schulter des Partners in einer beliebigen Pose kniet, während er sie mit beiden Händen an der Taille oder an der Hand hält. Die Hebung kann mit verschiedenen Ansätzen ausgeführt werden.

5. Beispiel *Hebung der Partnerin auf die Schulter in eine »kniende« Haltung*

Die Partnerin steht in einer beliebigen Pose mit dem Gesicht zu Punkt 1.

Der Partner kniet auf dem rechten Bein rechts neben ihr, ebenfalls in einer beliebigen Pose. Er reicht ihr beide Hände

Abb. 75 Die Partnerin kniet in der 1. arabesque auf der Schulter des Partners mit Fassung an beiden Händen

mit nach oben gedrehten Handflächen, die rechte in der 3. Position, die linke in der 2. Position. Die Partnerin legt ihre rechte Hand in seine rechte Hand, ihre linke Hand in seine linke Hand, Handfläche in Handfläche. Danach stellt sie ihren linken Fuß auf den linken Oberschenkel des Partners (dicht an seinem Rumpf) und kniet sich mit ihrem rechten Knie auf seine rechte Schulter. Dabei stützt sie sich auf seinen Händen ab und führt das linke Bein nach rück in die 1. arabesque. Ihre Arme sind in den Ellenbogen durchgedrückt (siehe Abbildung 75).

In dem Augenblick, wo die Partnerin sich auf die Schulter des Partners kniet, steht er auf und wendet sich mit dem Gesicht zu Punkt 2, wobei er die Arme in den Ellenbogen streckt.

Sprünge auf die Brust und die Schultern

Die Ausgangshaltung in den folgenden drei Beispielen ist immer die gleiche. Die Partnerin sitzt auf dem Boden, der Partner hält sie an der Hand. Die ausführliche Beschreibung dafür ist im Kapitel »Kleine Hebungen«, Beispiel 5 gegeben (siehe auch Abbildung 38).

1. Beispiel

Sprung der Partnerin auf die Schulter des Partners in eine »liegende« Haltung (mit dem Rücken nach unten)

Der Partner neigt sich nach vorn und zieht mit einer heftigen Bewegung der rechten Hand die Partnerin zu sich heran. Sein Oberkörper und das rechte Bein bilden eine gerade Linie.

Die Partnerin stößt sich kräftig mit dem rechten Bein vom Boden ab, führt während des Sprunges eine halbe Wendung über links aus und legt sich mit dem Steißbein auf die Schulter des Partners (Rücken nach unten). Ihr Oberkörper nimmt die horizontale Lage ein; die Arme gehen in die 3. Position, die Beine strecken sich in die V. Position, rechtes Bein vorn.

Der Partner schiebt seine rechte Schulter unter die ihm entgegenkommende Partnerin und fasst sie mit der rechten Hand an der Taille, mit der linken unter den linken Oberschenkel.

In dem Augenblick, wo die Partnerin die Schulter des Partners erreicht, müssen seine Beine nachfedern, das heißt, er muss ihre »Landung« äußerst weich abfangen. Danach dreht der Partner ihre Pose in eine vom Pädagogen angegebene

Abb. 76
Die Partnerin liegt mit dem Rücken nach unten auf der Schulter des Partners

Abb. 77
Die Partnerin sitzt auf der Schulter des Partners

Raumrichtung. Der Körper der Partnerin ist entweder gerade oder im Kreuz gebogen (siehe Abbildung 76).

2. Beispiel

Sprung der Partnerin auf die Schulter des Partners in eine »sitzende« Haltung

Mit Hilfe des beschriebenen Ansatzes verhilft der Partner der Partnerin zum Absprung auf seine Schulter. Während des Sprunges dreht sie sich über links und setzt sich auf seine rechte Schulter; ihre Arme gehen in die 3. Position; ihre Beine werden in der VI. Position* angewinkelt.

Der Oberkörper der Partnerin bildet zusammen mit ihren beiden Oberschenkeln einen rechten Winkel. Mit der rechten Hand fasst der Partner sie an der rechten Seite, mit der linken unter dem Diaphragma. Dann streckt der Partner seine Beine, richtet sich auf und wendet sich gleichzeitig mit dem Gesicht zu Punkt 1 (siehe Abbildung 77).

---

* Diese VI. Position (Fersen und Fußspitzen zusammen, Spann gestreckt) wird im folkloristischen Charaktertanz und im historischen Tanz angewandt. Sie existiert auch in der Bühnenpraxis des Klassischen Tanzes, ist jedoch nicht in das Lehrprogramm des Klassischen Tanzes aufgenommen worden.

3. Beispiel

Sprung der Partnerin auf die Schulter in die Pose »Schwalbe« *

* Mitunter auch als Körbchen bezeichnet (d. Herausgeber).

Nach dem Ruck mit der rechten Hand senkt der Partner sofort die Hand der Partnerin und fasst augenblicklich unter ihr Diaphragma. Die Finger sind gespreizt, nach oben gerichtet und fest an den Rumpf der Partnerin gedrückt und halten auf diese Weise ihren Oberkörper.

Die Partnerin stößt sich kräftig mit dem rechten Bein vom Boden ab und springt nach oben in Richtung zu Punkt 2. Während des Sprunges nimmt sie noch in der Luft die Pose »Schwalbe« ein. Ihre Arme öffnet sie über die 3. Position nach hinten (siehe Abbildung 78).

Abb. 78 Sprung auf die Schulter des Partners in die Pose »Schwalbe«

Nachdem der Partner eine Wendung um 180° über rechts ausgeführt hat, schiebt er seine linke Schulter unter die ihm entgegenkommende Partnerin. Gleichzeitig umfasst er mit dem linken Arm ihre beiden Oberschenkel, macht zusammen mit ihr einige Schritte in Sprungrichtung, wodurch optisch die Flugbahn der Partnerin verlängert wird.

4. Beispiel

Sprung der Partnerin auf die Schulter in eine »sitzende« Haltung, mit Fassung an beiden Händen

Die Partnerin steht auf dem rechten Bein in der Pose croisée à terre mit dem Rücken zu Punkt 8. Der rechte Arm ist in der 3. Position, Handfläche zum Partner gerichtet, der linke Arm in der 1. Position, Handfläche nach unten. Der Partner steht

Abb. 79 Sprung auf die Schulter des Partners in den »Sitz« mit Fassung an beiden Händen

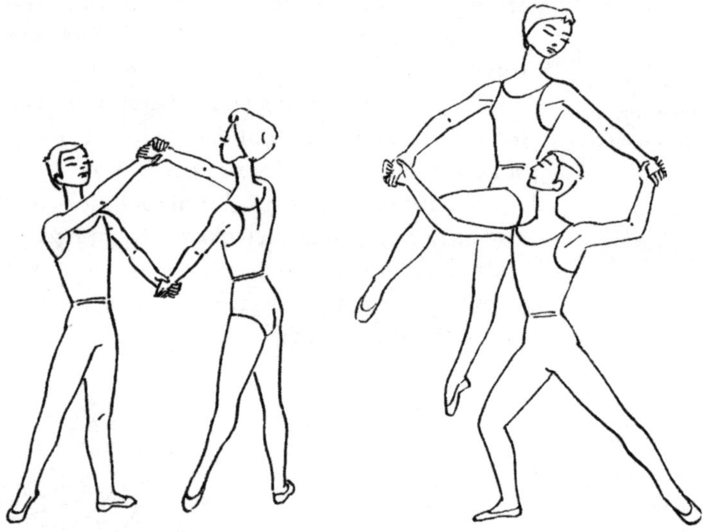

auf dem linken Bein mit dem Gesicht zur Partnerin, das rechte ist rück aufgestellt. Die Arme sind in der gleichen Haltung wie bei der Partnerin. Die Hände sind gefasst, Handfläche in Handfläche (siehe Abbildung 79).

Die Partnerin führt hinter dem Partner mit dem linken Bein pas couru aus, stößt sich mit dem rechten Bein vom Boden ab und springt in die Höhe, wobei sie sich kräftig auf seinen Händen abstützt, Während des Sprunges ist ihr linkes Bein angewinkelt und einwärts nach vorn auf 90° angehoben.

Der Ansatz und der Sprung selbst sind von der Partnerin so zu berechnen, dass sie sich mit dem linken Oberschenkel auf die rechte Schulter des Partners setzen kann.

Während des Absprungs der Partnerin hinter dem Rücken des Partners streckt der Partner mit einer schnellen Bewegung die Arme nach oben, geht gleichzeitig ins demi-plié und richtet sich sofort wieder auf, sobald die Partnerin auf seiner Schulter sitzt.

5. Beispiel *Sprung der Partnerin auf die Schulter des Partners in eine kniende Pose*

Die Ausgangshaltung ist die gleiche wie im vorangegangenen Beispiel.

Nach einem Schritt mit dem linken Bein führt die Partnerin einen pas glissade aus und stößt sich dann hinter dem Rücken des Partners mit dem linken Bein vom Boden ab und setzt ihr rechtes Knie auf seine rechte Schulter; das linke Bein wird rück angehoben (siehe Abbildung 80).

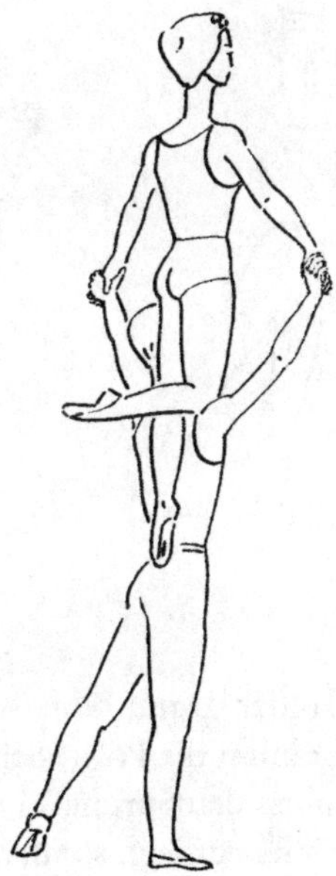

Abb. 80
Variante eines Sprunges auf die Schulter des Partners

6. Beispiel

Jeté entrelacé auf die Schulter des Partners mit Fassung an beiden Händen

Die Partnerin steht auf dem rechten Bein mit dem Rücken zu Punkt 2, das linke Bein ist vorn mit der Fußspitze auf den Ballen aufgesetzt. Der rechte Arm ist in der 3. Position, Handfläche zum Partner, der linke Arm ist in der 1. Position, die Handfläche zeigt nach unten.

Der Partner steht auf dem rechten Bein mit dem Gesicht zur Partnerin, das linke ist nach rück aufgestellt. Die Arme haben die gleiche Haltung wie bei der Partnerin. Mit der rechten Hand hält er die Partnerin an der rechten Hand, mit der linken an ihrer linken, Handflächen in Handflächen (siehe Abbildung 81).

Aus einem Schritt mit dem linken Bein führt die Partnerin jeté entrelacé auf der Diagonale zu Punkt 6 aus. Der Absprung muss so berechnet sein, dass sie mit der Mitte ihres rechten Oberschenkels genau auf der linken Schulter des Partners dicht

Abb. 81
Jeté entrelacé auf die Schulter des Partners mit Fassung an beiden Händen

an seinem Hals landet. Dann führt sie schnell ihr linkes Bein zum rechten und nimmt die Pose »Schwalbe« ein.

Die Partnerin muss den Sprung so berechnen, dass sie nicht über den Partner hinwegfliegt, sondern auf seiner Schulter mit dem Bauch oder Becken landet. Während des Sprunges der Partnerin geht der Partner etwas ins plié, ohne seine linke Schulter nach rück zu verschieben, streckt die Arme schnell nach oben (und etwas nach vorn), und sobald er den Oberschenkel der Partnerin auf seiner Schulter spürt, richtet er sich auf. Er hält sie weiterhin an den Händen und behält die aufrechte Körperhaltung bei.

Die Partnerin kehrt auf den Boden zurück, indem sich der Partner auf das rechte Bein kniet und sie gleichzeitig erst ein Bein, dann das andere Bein nach unten senkt und sich hinter dem Partner in die V. Position auf den Boden stellt. Wenn die Partnerin auf der rechten Schulter liegt, dann muss sich der Partner auf das linke Bein knien.

Das jeté entrelacé auf die Schulter des Partners wird auch mit einer Fassung an einer Hand gelehrt.

Im weiteren Unterrichtsverlauf werden diese Sprünge in den Kombinationen aus verschiedenen Ausgangshaltungen mit unterschiedlichen Ansätzen gelehrt. Wenn die Partnerin den Sprung aus einem freien Anlauf ansetzt oder sich beide Partner aufeinander zu bewegen, dann fassen sich die Partner erst direkt vor dem Sprung an den Händen.

7. Beispiel *Jeté entrelacé auf die Schulter des Partners mit einer Hand unter dem Diaphragma und dem anderen Arm um beide Oberschenkel der Partnerin*

Die Ausgangshaltung ist im Prinzip die gleiche wie im vorigen Beispiel. Der Partner hält die Partnerin jedoch nicht an den Händen, sondern er steht zwei Schritte von ihr entfernt mit dem Gesicht zu ihr. Die Partnerin führt pas chassé mit dem linken Bein aus, dann ein kurzes tombé auf das linke Bein und anschließend jeté entrelacé diagonal zu Punkt 6 auf die linke Schulter des Partners (siehe Abbildung 78).

Beim pas chassé streckt der Partner seinen rechten Arm nach vorn, Fingerspitzen nach oben, und fasst die Partnerin unter das Diaphragma. Der Partner geht in dem Augenblick etwas ins plié und umfasst mit seinem linken Arm von unten ihre beiden Oberschenkel, wenn die Partnerin mit dem rechten Bein battement ausführt. Dabei darf der Partner die linke Schulter nicht nach hinten wegziehen. Nachdem die Partnerin die Pose »Schwalbe« auf der Schulter fixiert hat, streckt der Partner beide Beine, richtet sich auf und wendet sich mit dem Gesicht zu Punkt 8.

Die Rückkehr auf den Boden erfolgt wie im vorigen Beispiel.

8. Beispiel *Sprung der Partnerin auf die Schulter des Partners in die Pose »Schwalbe«*

Die Partnerin steht in der oberen linken Ecke (siehe Abbildung 1) auf dem rechten Bein in der Pose croisée vor à terre, mit dem Gesicht zu Punkt 2. Der Partner steht in einem Abstand von vier bis fünf Schritten mit dem Gesicht zu ihr auf der Diagonale von Punkt 6 zu Punkt 2.

Die Partnerin läuft an, führt einen petit pas assemblé mit dem rechten Bein aus, stößt sich kräftig vom Boden ab, springt auf ihn zu und nimmt in der Luft die Pose »Schwalbe« ein, sodass sie mit beiden Oberschenkeln auf seiner linken Schulter landet. Während des assemblé streckt er seinen rechten Arm nach vorn, mit der Handfläche nach unten, und fasst die Partnerin unter dem Diaphragma. Danach geht er ein wenig ins demi-plié, dreht seine linke Schulter nach vorn und umfasst mit dem linken Arm von unten ihre beiden Oberschenkel.

Im weiteren Unterrichtsverlauf springt die Partnerin nach dem Anlauf mit einem kräftigen temps levé vom Boden ab. In der Anfangsetappe des Erlernens dieses Sprunges sollte derjenige, der Hilfestellung leistet, mit dem Gesicht zum Partner stehen und, falls notwendig, die Partnerin mit der linken Hand unter dem Diaphragma abstützen.

9. Beispiel *Saut de basque auf die Brust des Partners*

Die Partnerin steht in der 2. arabesque à terre, linkes Bein Standbein, mit dem Gesicht zu Punkt 1. Der Partner steht drei bis vier Schritte in der gleichen Pose hinter ihr. Die Partnerin führt pas chassé und anschließend saut de basque zum Partner aus, und zwar so berechnet, dass ihr Sprung in der »sitzenden« Haltung auf seiner Brust endet. Im Unterschied zum Pas seul darf die Partnerin beim Absprung ihr, linkes Bein nicht zu hoch werfen, damit sie den Partner nicht stößt. Während ihres Sprunges geht der Partner etwas ins demi-plié, öffnet beide Arme zur Seite, macht einen Schritt nach vorn und fängt die Partnerin nach ihrem Absprung auf seinem Brustkorb auf.

Ihre Pose und die Armhaltungen sind die gleichen wie bei der Hebung auf die Brust vom Platz.

10. Beispiel *Saut de basque auf die Schulter des Partners*

Die Ausgangshaltung ist die gleiche wie im vorausgegangenen Beispiel.

Die Aufgabenstellung für die Partnerin bleibt die gleiche, bis

Abb. 82 Sprung auf die Schulter des Partners in die sitzende Haltung

auf die Schlussphase des saut de basque, die Landung auf der Schulter des Partners. Während des Sprunges führt der Partner seine rechte Schulter unter die Partnerin.

11. Beispiel *Sprung der Partnerin auf die Schulter des Partners in eine »sitzende« Haltung*

Die Partnerin steht auf dem linken Bein in der Pose croisée vor à terre mit dem Rücken zu Punkt 2.

Der Partner steht drei bis vier Schritte von ihr entfernt mit dem Gesicht zu ihr, in der bedingten IV. Position croisée. (Die IV. Position ist bedeutend breiter als gewöhnlich; das Körpergewicht liegt auf dem vorderen Bein.) Der rechte Arm ist nach vorn gestreckt, der linke zur Seite geöffnet. Die Arme befinden sich in Höhe der Schultern, die Handflächen sind nach oben gerichtet (siehe Abbildung 82).

Die Partnerin führt pas couru mit dem rechten Bein aus, stößt sich dann kräftig mit dem linken Bein vom Boden ab, springt auf die rechte Schulter des Partners und führt beide Arme in die 3. Position.

Die Partnerin muss dicht an seinem Hals auf seiner Schulter sitzen und ihren Oberkörper senkrecht halten, im Kreuz etwas durchgebogen.

Während des Sprunges der Partnerin geht der Partner ins demi-plié, und ohne seine rechte Schulter nach rück zu verschieben, fängt er die ihm entgegenkommende Partnerin auf.

Wenn sie von der rechten Schulter des Partners auf den Boden zurückkehrt (hinter dem Partner), muss sich der Partner links knien; sitzt sie auf der linken Schulter, kniet er rechts.

Verschiedene Übergänge von der Schulter in die Pose »Fisch« und aus der Pose »Fisch« auf die Schulter

1. Beispiel

Übergang der Partnerin von der Schulter in die Pose »Fisch«

Die Partnerin sitzt auf der rechten Schulter des Partners.

Der Partner führt seine linke Hand zu ihrer rechten Hüfte und umfasst ihre Taille. Seine rechte Hand lässt er zum rechten Oberschenkel gleiten und umfasst diesen. Gleichzeitig nimmt die Partnerin, indem sie das rechte Bein nach vorn streckt und es durch die 1. Position führt, die Pose »Fisch« mit dem Gesicht zu Punkt 7 ein.

Diesen Ansatz lehrt man auch mit einer Wendung des Partners am Platz um 360°. Der technische Vorgang dieser Übung darf für den Zuschauer nicht sichtbar sein, das heißt der Wechsel der Pose erfolgt in dem Moment, wenn der Partner mit dem Rücken zu Punkt 1 steht.

2. Beispiel

Übergang der Partnerin von der Schulter in die Pose »Fisch« mit Drehung in der Luft

Die Partnerin sitzt auf der rechten Schulter des Partners. Ihre Beine sind hinter seinem Rücken (siehe Abbildung 82).

Der Partner wirft die Partnerin aus einem leichten demi-plié hoch. Sein Abstoß ist für sie das Signal, mit einer scharfen Wendung den Oberkörper mit der rechten Schulter nach vorn zu drehen und sich stark über links neigend die Pose »Fisch« (Gesicht zu Punkt 7) einzunehmen.

Mit dem linken Arm, der nicht gesenkt werden darf, fasst der Partner die Partnerin um die Taille, mit dem rechten beschreibt er schnell einen ganzen Kreis in der Luft und fasst die Partnerin von oben um den rechten Oberschenkel.

Wahrend des Wurfes der Partnerin federn beide Beine des Partners mit.

3. Beispiel *Übergang der Partnerin aus der Pose »Fisch« auf die Schulter des Partners in die Pose »Schwalbe« (mit Wendung)*

Die Partnerin liegt in der Pose »Fisch« (Gesicht zu Punkt 3) in den Armen des Partners.

Der Partner wirft die Partnerin aus einem leichten demi-plié in die Höhe und wendet sie gleichzeitig mit beiden Armen über links zu sich.

Im Moment des Wurfes unterstützt sie energisch die Wendung, indem sie die Arme schnell in die 3. Position führt, den Oberkörper hoch aufrichtet und danach die Pose »Schwalbe« auf der linken Schulter des Partners einnimmt.

Ihr Oberkörper führt eine ähnliche Bewegung wie beim fouetté en tournant aus.

Die Partnerin streckt das rechte angewinkelte Bein scharf in die V. Position. Danach werden aber beide Beine gleichzeitig in den Kniegelenken etwas angewinkelt, um die Pose »Schwalbe« zu vollenden.

Sofort nach dem Wurf muss der Partner, indem er ein zweites Mal leicht ins demi-plié geht, kräftig die linke Schulter nach vorn schieben.

Mit der rechten Hand stützt er die Partnerin unter dem Diaphragma, mit dem linken Arm umfasst er von unten ihre beiden Oberschenkel. Gleichzeitig mit der Hebung auf seine Schulter, wendet sich der Partner mit dem Gesicht zu Punkt 8.

Derjenige, der Hilfestellung leistet, steht mit dem Gesicht zum Partner und hält seine linke Hand unter ihren Mittelkörper.

Hebungen und Fassungen bei großen Sprüngen

– mit Werfen und Fixieren der Pose mit und ohne Drehung in der Luft – mit nach oben gestreckten Armen des Partners

Hebungen der Partnerin mit einem Fixieren der Pose auf nach oben gestreckten Armen des Partners (aus dem Stand und mit Anlauf) werden nach folgenden Regeln ausgeführt:

Er geht leicht ins demi-plié und beginnt die Hebung mit einer Streckung der Beine (wobei die Knie jedoch nicht ganz durchgestreckt werden). Danach hebt er sie schnell nach oben, geht abermals im gleichen Augenblick leicht ins demi-plié und beendet die Hebung, indem er die Beine endgültig durchstreckt. Dadurch wird während der Hebung ein großer Teil der Belastung von der Beinmuskulatur des Partners getragen.

Die Partnerin muss so nach oben gehoben werden, dass sie sich am Ende der Hebung genau über dem Kopf des Partners befindet.

Aus diesem Grunde macht der Partner im Moment der Hebung einen Schritt, mit dem er »unter« die Partnerin tritt. Der Oberkörper des Partners darf sich nicht in der Wirbelsäule (Kreuz) durchbiegen, da das zu Verletzungen führen kann. Der Pädagoge muss darauf achten, dass der Partner die Hebung mit richtiger Oberkörperhaltung ausführt.

In den Unterrichtsstunden kehrt die Partnerin in der Regel nach einer Hebung ins demi-plié auf den Boden zurück. Damit wird die Verletzungsgefahr für das Sprunggelenk der Partnerin wesentlich herabgemindert. Komplizierte Hebungen und Würfe mit der Partnerin sind nicht unbedingt von der ganzen Klasse zu fordern. Der Lehrer muss die individuellen Möglichkeiten jedes Schülers sowie seine professionellen Erfahrungen und den Grad seiner physischen Vorbereitung beachten.

Große Sprünge mit beiden Händen an der Taille der Partnerin

1. Beispiel *Grand jeté in der 1. arabesque*

Die Partnerin steht in der V. Position, linkes Bein vorn, Arme in der vorbereitenden Haltung. Der Partner steht hinter ihr, etwas näher zu ihrer rechten Schulter, beide Hände fassen um ihre Taille. Nach einem demi-plié und anschließendem pas glissade mit dem rechten Bein (ohne Positionswechsel) stößt sich die Partnerin kräftig mit dem linken Bein vom Boden ab und springt grand jeté in der 1. arabesque in Richtung zu Punkt 3. Sie darf nur nach oben springen, ohne den Oberkörper nach vorn zu verlagern. Der Partner führt ebenfalls pas glissade aus und verändert dabei leicht die Stellung der Hände auf der Gürtellinie, ohne die Taille loszulassen: die linke Hand etwas nach hinten und nach oben zum linken Schulterblatt hin, die rechte Hand etwas nach vorn; die Finger beider Hände zeigen nach oben.

Im Moment des Absprungs der Partnerin hebt der Partner sie mit einer schnellen Bewegung genau über sich, streckt dabei die Arme über sich nach oben durch und setzt sie, ohne ihren Sprung zu verkürzen, weich in einem demi-plié am Boden ab.

Es ist sehr wichtig, dass die Partnerin auf einem genauen Halbbogen durch die Luft »fliegt« (siehe Abbildung 83).

Abb. 83 Grand jeté in der 1. arabesque

2. Beispiel

Grand jeté en tournant in Pose attitude

Die Partnerin steht auf dem linken Bein in der Pose attitude croisée; der Partner steht hinter ihr und fasst mit beiden Händen ihre Taille.

Sie führt demi-plié auf dem Standbein aus, danach mit dem rechten Bein pas glissade (um den Partner mit Wechsel der Beinposition); stößt sich mit dem linken Bein vom Boden ab und nimmt mit dem grand jeté en tournant die Pose attitude ein (siehe Abbildung 84).

Der Partner führt gemeinsam mit ihr pas glissade aus (überholt sie etwas damit) und verändert die Haltung seiner Hände auf ihrer Gürtellinie auf folgende Weise: die linke Hand etwas nach oben zum linken Schulterblatt hin, die rechte Hand zum Kreuz.

Gleichzeitig mit dem Absprung der Partnerin streckt der Partner beide Arme schnell durch, hebt sie hoch und trägt sie etwas in Richtung zu Punkt 8. Danach verlagert er den Schwerpunkt ihres Körpergewichtes von der linken auf die rechte Hand und setzt sie weich auf den Boden auf das rechte Bein in die Pose attitude croisée ins demi-plié ab. Während der Hebung trägt der Partner das Hauptgewicht auf beiden Hän-

Abb. 84
Grand jeté en tournant in Pose attitude

den. Die Partnerin darf nur nach oben springen, ohne den Oberkörper nach vorn zu verlagern.

3. Beispiel *Grand pas de basque*

Die Partnerin steht in der V. Position, rechtes Bein vorn, Arme in der vorbereitenden Haltung.

Der Partner steht hinter ihr, seine Hände an ihrer Taille. Sie führt einen pas glissade mit dem rechten Bein aus, dann (ohne Wechsel der Beine) coupé mit dem linken Bein und grand pas de basque. Dabei wendet sie sich mit dem Gesicht zu Punkt 2. Er führt gleichzeitig mit ihr den pas glissade aus und fasst sie mit beiden Händen so an ihrer Gürtellinie, dass sich die Handwurzeln fast berühren und mit den Fingern die Taille umfasst wird.

Im Sprung neigt die Partnerin ihren Oberkörper im Schultergürtel etwas stärker als im Pas seul nach hinten, damit die Hände des Partners einen besseren Halt finden können.

Während der Hebung trägt er die Partnerin, sie über sich haltend, weiter in Sprungrichtung zu Punkt 2 und setzt sie dann weich ins demi-plié auf den Boden ab.

Der Sprung grand pas de chat (nach vorn mit Hebung) wird nach dem gleichen Prinzip ausgeführt.

4. Beispiel *Jeté entrelacé*

Die Partnerin steht auf dem linken Bein in der Pose croisée rück à terre mit dem Rücken zu Punkt 7.

Der Partner steht einen Schritt von ihr entfernt mit dem Gesicht zu ihr in einer vom Pädagogen angegebenen Pose.

Sie führt einen Schritt mit dem rechten Bein aus und danach ein entrelacé auf der Linie von Punkt 7 zu Punkt 3. Dabei stützt sie sich stark mit beiden Händen auf seinen Schultern ab. Um über den Partner zu gelangen, darf sie nur nach oben, nicht aber in die Weite springen. Während des Sprunges werden Oberkörper und Kopf stark zurückgebogen. Der Partner fasst die Partnerin mit beiden Händen etwas unter der Gürtellinie, sodass während der Hebung die Hauptlast auf beiden Handflächen liegt (siehe Abbildung 85).

Wahrend des Sprunges tritt der Partner mit einem Schritt unter die Partnerin und hebt sie über sich.

Im gleichen Augenblick wendet er sich mit dem Gesicht zu Punkt 3 und setzt sie weich ins demi-plié auf den Boden ab.

Abb. 85
Jeté entrelacé

5. Beispiel

Tour en l'air der Partnerin mit Fassung an der Taille

Diese Bewegung ist unerlässlich für das spätere Erlernen der doppelten Drehung der Partnerin in der Luft in der horizontalen Lage (»doppelter Fisch«*).

* Diese Bewegung wird im russischen Original als »doppelter Fisch«, im Deutschen mitunter auch als »Roulade« bezeichnet (Anmerkung d. Herausgeber).

Die Partnerin führt relevé auf Spitze aus: Der rechte Arm ist in der 1., der linke in der 2. Position. Nach einem demi-plié springt sie kräftig hoch und dreht dabei eine tour en l'air über rechts. Während der tour en l'air werden die Arme der Partnerin zur Unterstützung der Drehung kräftig in die 3. Position geführt. Force zur Drehung muss die Partnerin im Kulminationspunkt des Sprunges nehmen.

Der Partner wirft sie im Moment ihres Absprunges kräftig nach oben, gibt Force in Drehrichtung und fasst sie am Ende der tour en l'air an der Taille und setzt sie weich auf den Boden ab oder setzt sich die Partnerin auf die Schulter in eine »sitzende« Haltung.

Hebungen mit einem Fixieren der Posen – mit nach oben gestreckten Armen des Partners

1. Beispiel *Hebung der Partnerin mit Fassung unter dem Kreuz*

Die Partnerin steht in der V. Position, rechtes Bein vorn, Arme in der vorbereitenden Haltung.

Der Partner steht hinter ihr, die Hände an ihrer Taille. Nach einem demi-plié führt die Partnerin sauté aus und hebt die Arme zur 3. Position. Im höchsten Punkt biegt sie ihren Oberkörper in der Gürtellinie und im Schultergürtel nach hinten. Mit dem Absprung hebt der Partner die Partnerin an und macht einen Schritt nach vorn unter die Partnerin. Gleichzeitig vereinigt er seine Hände an ihrer Taille, sodass die Handwurzeln sich berühren, während die Fingerspitzen beider Hände ihre Taille umfassen (siehe Abbildung 86)

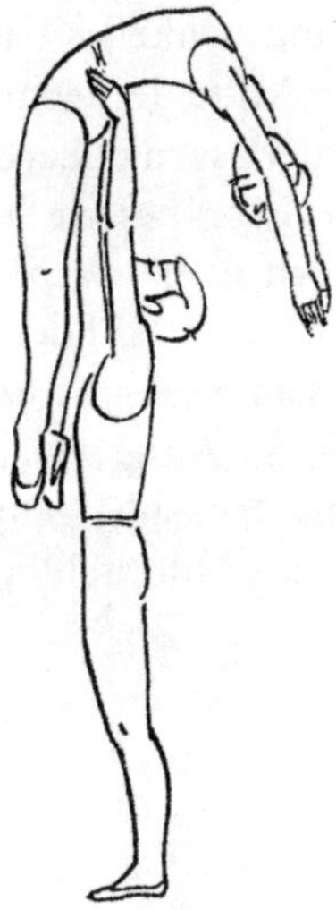

Abb. 86 Hebung mit Fassung unter der Gürtellinie

2. Beispiel *Hebung der Partnerin in der 1. arabesque aus dem Stand*

In der Bühnenpraxis liegt der Oberkörper der Partnerin bei Hebungen in der Regel auf der rechten Hand des Partners, das heißt, das Hauptgewicht wird vom rechten Arm des Partners getragen. Der linke Arm übernimmt den geringeren Teil der Last.

Im Lernprozess ist es nicht unbedingt erforderlich, die Übungen mit hoher Belastung des linken Armes zu erarbeiten, da der linke Arm in der Regel schwächer als der rechte entwickelt ist und selten die Hauptlast trägt.

Die Partnerin steht in der 1. arabesque auf dem rechten Bein, der Partner hinter ihr, beide Hände an ihrer Taille.

Nachdem der Partner der Partnerin zur Standfestigkeit verholfen hat, macht er mit dem rechten Bein einen halben Schritt nach vorn, geht ins demi-plié und führt seine rechte Hand unter ihr Diaphragma (etwas mehr zur rechten Hüfte hin) und die linke Hand unter den Oberschenkel des linken Beines. Beide Hände befinden sich auf gleicher Höhe und im Abstand seiner Schulterbreite; die Handflächen sind nach oben gedreht, die Finger sind lang ausgestreckt und zeigen zur Seite (siehe Abbildung 87).

Die Partnerin geht von der Spitze ins demi-plié und stößt sich kräftig mit dem rechten Bein vom Boden ab, gleichzeitig hebt der Partner sie an und fixiert oben die Pose.

Während der Hebung winkelt sie ihr rechtes Bein an und führt die Fußspitze zur Mitte des rechten Unterschenkels.

Es ist sehr wichtig, dass die Partnerin im Moment des Absprunges genau die 1. arabesque fixiert. Es ist unzulässig, den Körper vorzuneigen oder vorzulegen und das erhobene Bein zu senken. Beim Absetzen auf den Boden lässt der Partner die Partnerin zuerst bis auf seine Brusthöhe herab und setzt sie dann auf den Boden in die Ausgangshaltung ins demi-plié ab, indem er selbst tief ins demi-plié geht. Beim Erlernen dieser Hebung ist unbedingt eine Hilfestellung erforderlich. Der Hel-

Abb. 87
Hebung in der 1. arabesque

fer fasst mit der rechten Hand ihre linke Hand und mit seiner linken ihren linken Ellenbogen. Anfangs wird diese Hebung nur bis zur Brusthöhe des Partners gelehrt.

3. Beispiel *Hebung der Partnerin in der 3. arabesque – mit Anlauf*

Die Partnerin steht mit dem Rücken zu Punkt 7, der Partner drei bis vier Schritte von ihr entfernt auf der Linie zwischen Punkt 7 und Punkt 3. Ihre Ausgangsposen werden vom Pädagogen bestimmt. Die Partnerin nimmt Anlauf und stößt sich bei einem Abstand von einem Schritt kräftig aus einem temps levé mit dem linken Bein vom Boden ab und springt in der 3. arabesque hoch (Gesicht zu Punkt 3). Vor der Hebung ist es notwendig, dass sich die Hände des Partners auf einer Höhe befinden, das heißt, dass das rechte Bein der Partnerin auf 90° angehoben sein muss. Die Partnerin springt sozusagen »über« den Partner, ohne jedoch über ihn hinwegzufliegen.

Seine rechte Hand ist mit der Handfläche zu ihr gerichtet, die Finger zeigen nach oben. Die linke Hand ist gleichfalls mit der Handfläche zu ihr gerichtet, jedoch mit nach unten gerichteten Fingern (siehe Abbildung 88).

Abb. 88
Hebung in der 3. arabesque

Während des Ansatzes zum temps levé streckt der Partner beide Arme nach vorn, geht etwas ins demi-plié, fasst die Partnerin mit der rechten Hand unter dem Diaphragma (ein wenig näher zur linken Hüfte), mit der linken Hand am rechten Oberschenkel (Mitte), macht einen Schritt nach vorn und hebt die Partnerin in der 3. arabesque an. In dieser Pose fixiert er sie auf durchgestreckten Armen. Während der Hebung darf der Partner seine rechte Schulter nicht zurückziehen. Beim Absetzen der Partnerin auf den Boden lässt der Partner sie zuerst bis auf Brusthohe herunter und setzt sie dann auf den Boden ins demi-plié ab, indem er selbst ins tiefe demi-plié geht.

Anfangs bleibt das linke Bein der Partnerin in der 3. arabesque in der Luft gestreckt und wird nicht zum rechten Bein angewinkelt. Derjenige, der Hilfestellung leistet, steht hinter dem Partner und stützt, falls notwendig, die Partnerin mit beiden Händen von unten ab.

4. Beispiel

Hebung in der 4. arabesque mit grand fouetté sauté

Die Hebung in der 4. arabesque wird anfangs ohne Sprung gelehrt, das heißt aus dem gleichen Ansatz wie die Hebung in der 1. arabesque. Die Partnerin steht in der 1. arabesque mit dem Gesicht zu Punkt 2. Der Partner steht in einer beliebigen Pose auf der Diagonale (Punkt 2 zu 6) zwei Schritte hinter ihr. Nach einem pas chassé zum Partner stößt sich die Partnerin mit ihrem linken Bein ab und führt grand fouetté sauté in die 4. arabesque aus. Sie darf nur nach oben, das heißt über ihn, springen, ohne an ihm »vorbeizufliegen«. Die 4. arabesque muss in der Luft unabhängig von ihrer Raumrichtung absolut fehlerfrei ausgeführt werden. Der Partner hebt die Partnerin in dem Moment, wenn ihr grand fouetté in die 4. arabesque vollendet ist.

Seine rechte Hand fasst die Partnerin an der linken Hüfte und die linke Hand an ihrem rechten Oberschenkel (siehe Abbildung 89).

Beim Absetzen der Partnerin auf den Boden lässt der Partner sie zuerst bis auf Brusthöhe herunter und setzt sie dann in der 4. arabesque ins demi-plié ab, indem er selbst tief ins demi-plié geht. Der Helfer steht einen Schritt vom Partner entfernt und hält seine linke Hand unter ihren Mittelkörper. Der Sprung ähnelt mehr einem grand temps levé oder sissonne in der 4. arabesque, weil die Partnerin nach dem Absprung schon die

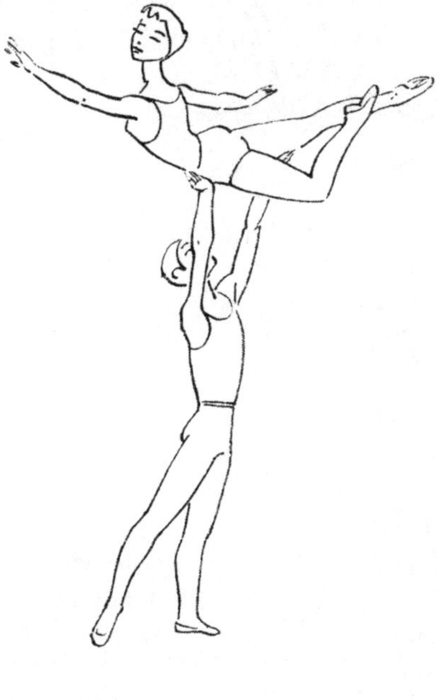

Abb. 89
Hebung in der 4. arabesque

4. arabesque eingenommen haben muss und nicht erst in den Händen des Partners die Wendung grand fouetté ausführen darf; andernfalls wird er sie aus den Händen verlieren.

5. Beispiel *Hebung der Partnerin in die Pose »Schwalbe« – mit Anlauf*

Die Partnerin steht auf dem rechten Bein in der Pose croisée vor à terre, mit dem Rücken zu Punkt 7.

Der Partner steht fünf bis sechs Schritte (auf der Linie zwischen Punkt 7 und 3) von ihr entfernt mit dem Gesicht zu ihr. Die Partnerin führt pas couru zum Partner aus, dann, etwa einen Schritt vor dem Partner, einen Schritt und temps levé auf dem linken Bein, stößt sich vom Boden ab und nimmt die Pose »Schwalbe« ein. Beim Absprung müssen ihre beiden Hüften den gleichen Abstand von seinen Schultern haben.

Sie muss ihren Anlauf und Absprung so berechnen, dass sie nicht »über ihn wegfliegt«, sondern nur über ihn springt. Beim temps levé geht der Partner ins demi-plié und fasst mit beiden Händen die Partnerin an den Hüften, sodass das ganze Gewicht

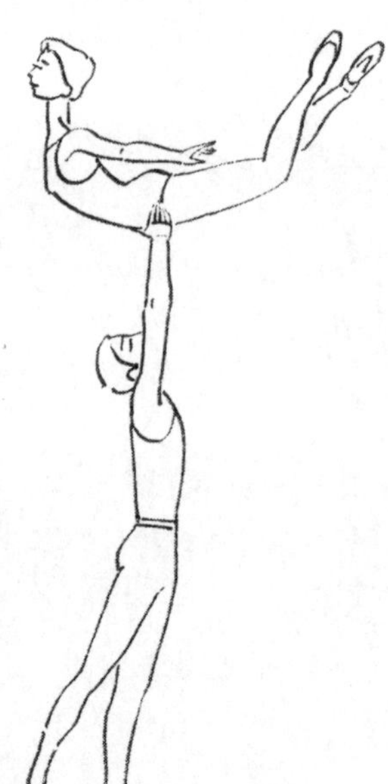

Abb. 90 Pose »Schwalbe« auf gestreckten Armen des Partners

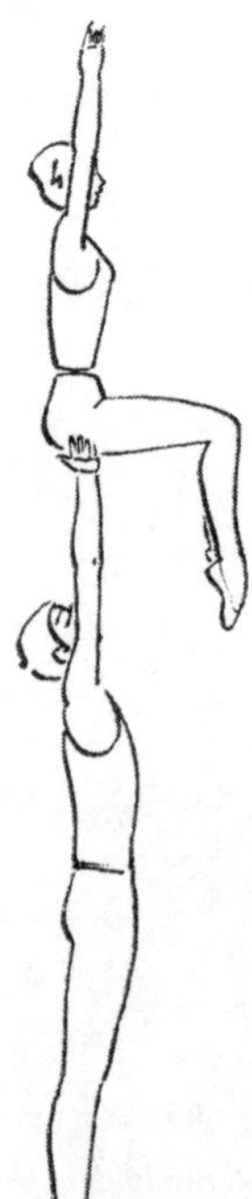

Abb. 91 Die Partnerin sitzt auf den gestreckten Armen des Partners

auf den Handflächen ruht. Die Daumen müssen dabei an die Beckenknochen der Partnerin fassen. Im Moment ihres Sprunges hebt der Partner die Partnerin und fixiert die Pose »Schwalbe« auf durchgestreckten Armen (siehe Abbildung 90).

Die Partnerin darf auf keinen Fall in der vollendeten Haltung den Oberkörper oder den Kopf nach vorn fallen lassen, da dies immer zum Misslingen der Hebung führen würde.

Das Absetzen auf den Boden geschieht in folgender Reihenfolge:

Zuerst senkt der Partner die Partnerin bis auf seine Brusthöhe herab, gleichzeitig öffnet die Partnerin ihr rechtes Bein nach unten (das zukünftige Standbein). Anschließend geht er tief ins demi-plié und setzt die Partnerin ins demi-plié auf den Boden ab. Derjenige, der Hilfestellung leistet, steht einen Schritt hinter dem Partner und fasst die Partnerin im Notfall an den Händen oder Schultern. Das Erlernen der Pose »Schwalbe« mit stark nach oben gezogenen Beinen und nach vorn geneigtem Oberkörper (so genannte geneigte »Schwalbe« oder »Kerze«) ist nicht Bestandteil des Lehrprogramms, da diese Hebung bereits außerordentlich akrobatischen Charakter trägt.

Wenn unbedingt notwendig, erarbeitet der Pädagoge diese Übung fakultativ.

6. Beispiel *Saut de basque der Partnerin in eine sitzende Haltung auf nach oben gestreckten Armen des Partners*

Die Partnerin steht auf dem linken Bein in der 2. arabesque à terre, mit dem Gesicht zu Punkt 1. Der Partner steht drei bis vier Schritte in der gleichen Pose hinter ihr. Die Partnerin führt pas chassé zum Partner aus und danach saut de basque, sodass sie am Ende ihres Sprunges in Brusthöhe des Partners die sitzende Haltung in der Luft einnimmt. (Siehe Beschreibung saut de basque auf die Brust des Partners. Es vergrößert sich nur die Höhe des Sprunges.)

Während des saut de basque der Partnerin geht der Partner leicht ins demi-plié, stellt dabei sein rechtes Bein etwas nach hinten, fasst die Partnerin mit beiden Händen unter den Gesäßmuskeln und hebt sie in der sitzenden Haltung hoch, bis seine Arme durchgestreckt sind (siehe Abbildung 91).

Zu Beginn ist es erforderlich, ein Fixieren der Hebung auf Brusthöhe zu üben. Erst danach kann man zu der großen Hebung übergehen. Das Absetzen der Partnerin auf den Boden erfolge nach dem gleichen Prinzip wie im vorangegangenen Beispiel.

Der Helfer muss einen Schritt hinter dem Partner stehen und im Falle eines Misslingens die Partnerin mit beiden Händen an der Taille fassen.

7. Beispiel *Grand jeté der Partnerin in der 1. arabesque mit Fixieren der Pose auf nach oben gestreckten Armen des Partners*

Die Partnerin führt pas glissade mit dem rechten Bein aus und stößt sich dann mit dem linken Bein vom Boden zum grand jeté in der 1. arabesque in Richtung zu Punkt 3 ab.

Der Partner fasst die Partnerin mit beiden Händen an der Taille, hebt sie schnell hoch und fasst mit der linken Hand von unten ihren linken Oberschenkel. Auf diese Weise fixiert er im Kulminationspunkt der Hebung die 1. arabesque auf gestreckten Armen. Wenn die Hebung die maximale Höhe erreicht hat, verlagert die Partnerin ihren Oberkörper etwas mehr als üblich nach vorn auf die rechte Hand des Partners. Damit entlastet sie für den Bruchteil einer Sekunde die linke Hand des Partners, die dadurch an den Oberschenkel nachfassen kann.

Der Hilfeleistende muss mit dem Gesicht zum Partner stehen, seine linke Hand unter dem Mittelkörper der Partnerin halten und sich zusammen mit beiden Partnern vom Platz bewegen.

Auf die gleiche Weise hebt der Partner die Partnerin beim grand jeté in der Pose attitude effacée.

Hebungen mit einem Fixieren der Posen auf einem nach oben gestreckten Arm des Partners

Alle Hebungen mit einem Fixieren der Pose auf einem Arm des Partners werden ausnahmslos mit aktiver Beteiligung des anderen Armes ausgeführt. Die jeweilige Haltung der Arme wird in den einzelnen Beispielen beschrieben. Die Schüler dürfen diese Hebungen erst dann erlernen, wenn sie die Bewegungen frei koordinieren können.

1. Beispiel *Hebung der Partnerin mit Fassung unter dem Kreuz*

Die Partnerin steht in der V. Position auf Spitze, das rechte Bein vorn, Arme in der 3. Position.

Abb. 92 Hebung auf einem Arm mit Fassung unterhalb der Gürtellinie

Der Partner steht hinter ihr und hält die Partnerin an ihrer Taille.

Die Partnerin winkelt das linke Bein einwärts an (das Knie ist nach vorn gerichtet). Mit der Fußspitze berührt sie das Knie des Standbeines auf der linken Seite.

Der Partner geht ins demi-plié und fasst mit der rechten Hand unter das Kreuz der Partnerin. Daumen und Zeigefinger liegen auf der Gürtellinie, die Handfläche liegt fest am Kreuz. Mit der linken Hand fasst er das linke Bein der Partnerin etwas unter dem linken Knie (siehe Abbildung 92).

Nach einem demi-plié stößt sich die Partnerin kräftig mit dem rechten Bein vom Boden ab. In diesem Augenblick hebt sie der Partner schnell mit beiden Händen nach oben, und sobald sein rechter Arm gestreckt ist, neigt sich die Partnerin mit einer gebundenen Bewegung im Kreuz und Schultergürtel nach rück. Dies ermöglicht dem Partner, die Partnerin mit einem Arm zu tragen, und er kann seinen linken Arm in die 2. Position öffnen. Die Partnerin streckt ihr linkes Bein und führt es am rechen Bein entlang in die V. Position.

Während der Hebung muss das linke Bein, dessen Unterschenkel angewinkelt ist, im Hüftgelenk unbeweglich und fest sein, da auf diese Weise die Hebung durch den Partner mit beiden Armen erleichtert wird.

Das Absetzen der Partnerin geschieht auf folgende Weise: Der Partner fasst mit seiner linken Hand unter das Diaphragma der Partnerin, während sie allmählich ihren Oberkörper bis zur Senkrechten aufrichtet.

Mit beiden Armen setzt der Partner die Partnerin dann weich auf den Boden ins demi-plié ab.

Im Folgenden wird eine Variante dieser Hebung beschrieben:

Beim Anheben fasst der Partner die Partnerin mit der rechten Hand unter dem Kreuz und mit der linken Hand tief am linken Unterschenkel. Während des Sprunges streckt die Partnerin schnell das linke Bein, als wollte sie damit nach unten treten. Durch diese Gegenbewegung wird die Hebung bedeutend erleichtert. Der Hilfeleistende steht an der rechten Schulter des Partners und hält seine linke Hand unter das Kreuz der Partnerin.

Abb. 93 Die Partnerin sitzt auf einem Arm des Partners

2. Beispiel *Hebung der Partnerin in der »sitzenden« Haltung*

Die Ausgangshaltung ist die gleiche wie im vorangegangenen Beispiel. Der Partner geht tief nach unten und fasst mit seiner linken Hand an das linke Bein der Partnerin etwas unter dem Knie, die Handfläche der rechten Hand setzt er unter den Gesäßmuskel.

Die Partnerin geht von der Spitze ins demi-plié und stößt sich kräftig vom Boden ab. Dabei hebt sie der Partner mit beiden Händen hoch, löst dann seine linke Hand und trägt die Partnerin nur mit der rechten Hand in der »sitzenden« Haltung.

Während der Hebung muss die Partnerin den Oberkörper etwas im Hohlkreuz halten, die Schulterblätter sind geschlossen und die Beckenmuskeln äußerst gespannt. Die Hebung kann, je nach Aufgabenstellung des Pädagogen, in verschiedenen Posen enden (siehe Abbildung 93).

Das Absetzen der Partnerin auf den Boden erfolgt auf folgende Weise:

Der Partner fasst erneut die Partnerin mit der linken Hand am linken Knie, lässt sie bis auf Brusthöhe herab, geht tief ins demi-plié und setzt die Partnerin auf den Boden auf ein Bein ab.

Eine andere Form:

Die Partnerin streckt in der »sitzenden« Haltung das linke Bein und führt es an das rechte Bein in die V. Position. Der Partner fasst mit der linken Hand unter ihr Diaphragma und setzt sie mit beiden Händen auf beide Beine ab.

Mit dem gleichen Ansatz kann der Partner die Partnerin bis zur Brusthöhe herablassen. Dann nimmt die Partnerin die Pose »Fisch« mit dem Gesicht zu Punkt 7 ein, während der Partner mit der linken Hand ihre Taille von unten und mit der rechten Hand ihren rechten Oberschenkel von oben fasst. Dieser Übergang von der »sitzenden« Haltung in die Pose »Fisch« kann auch durch ein Werfen erfolgen.

3. Beispiel *Saut de basque der Partnerin in eine »sitzende« Haltung auf einen Arm des Partners*

Die Partnerin steht auf dem linken Bein mit dem Gesicht zu Punkt 8, das rechte Bein ist rück zu Punkt 4 mit der Fußspitze aufgestellt. Der rechte Arm ist in der 3., der linke in der 2. Position.

Der Partner steht in der gleichen Pose drei bis vier Schritte hinter ihr, auf der Diagonale von Punkt 8 zu Punkt 4.

Die Partnerin führt einen kurzen pas chassé mit dem rechten Bein aus, dann saut de basque (Dreiviertelwendung in der Luft). In Brusthöhe des Partners muss die Partnerin bereits die »sitzende« Haltung eingenommen haben, und zwar so, dass ihre linke Seite vor dem Brustkorb des Partners liegt.

Während die Partnerin pas chassé ausführt, geht der Partner auf beiden Beinen tief ins plié und fängt die Partnerin auf, wenn sie sich mit ihrer linken Seite vor seiner Brust befindet. Dabei fasst er mit der rechten Hand unter ihren Gesäßmuskel und mit der linken Hand das linke Bein unter dem Knie.

Der Sprung der Partnerin erleichtert die Hebung. Wenn die Pose und die Hebung vollendet sind, lässt der Partner den linken Arm los.

Der Helfer steht hinter dem Partner, neben seiner rechten Schulter.

Das Absetzen der Partnerin wurde im vorangegangenen Beispiel beschrieben.

4. Beispiel

Grand jeté der Partnerin in der Pose attitude effacée mit einem Fixieren der Pose auf einem Arm des Partners

Die Partnerin steht auf dem linken Bein in Pose croisée vor à terre, mit dem Rücken zu Punkt 4. Der Partner steht hinter ihrer linken Schulter. Mit der rechten Hand hält er sie an ihrer rechten Seite (nahe am rechten Schulterblatt), mit seiner linken Hand hält er die linke Hand der Partnerin (Handfläche in Handfläche). Die Beine sind in der gleichen Position wie bei der Partnerin (siehe Abbildung 94).

Die Partnerin führt pas glissade aus und grand jeté in Pose attitude effacée diagonal zu Punkt 8. Der Partner führt ebenfalls pas glissade aus. Dann führt er ihren linken gestreckten Arm zu ihrem Oberschenkel und hebt die Partnerin im Moment des Sprungs mit beiden Armen hoch. Mit ihrer linken Hand stützt sie sich kräftig auf seiner linken Hand ab, ohne dabei die linke Schulter anzuheben.

Sobald der Partner spürt, dass seine rechte Hand das Gewicht des Oberkörpers trägt, öffnet er seinen linken Arm zur Seite. Der Partner lässt nicht sofort, sondern erst später, wenn beide die Hebung beherrschen, die linke Hand der Partnerin los.

Abb. 94
Grand jeté in Pose attitude effacée mit einer Hand unterhalb der Gürtellinie, andere Hände sind gefasst

Der Partner setzt die Partnerin auf folgende Weise ab:

Der Partner fasst wieder die linke Hand der Partnerin und führt sie an ihren Oberschenkel. Die Partnerin schließt beide Beine in die V. Position, ohne den Oberkörper aufzurichten. Dann geht der Partner etwas ins demi-plié und setzt die Partnerin mit beiden Händen auf den Boden ins demi-plié ab.

Eine andere Möglichkeit:

Der Partner stützt die Partnerin mit seiner linken Hand unter dem Diaphragma, sodass sie den Sprung in der Pose attitude oder in der 1. oder 2. arabesque beenden kann.

Der Hilfeleistende steht hinter dem Rücken des Partners an seiner rechten Schulter und stützt die Partnerin, wenn notwendig, unter dem Rücken.

Hochwerfen der Partnerin mit Posenwechsel in der Luft – mit und ohne Wendung

Das Hochwerfen der Partnerin (die Partnerin wird bereits vom Partner in einer bestimmten Pose auf gestreckten Armen getragen) erfolgt durch ein kurzes demi-plié des Partners und anschließendes schnelles Strecken der Beine. Die Arme des Partners sind dabei gestreckt, der Oberkörper bleibt aufrecht.

1. Beispiel *Hochwerfen der Partnerin in der 1. arabesque und Auffangen in der Pose »Fisch«*

Der Partner trägt die Partnerin in der 1. arabesque auf nach oben gestreckten Armen, mit dem Gesicht zu Punkt 3.

Der Partner geht ins demi-plié und wirft die Partnerin senkrecht nach oben. Dann fängt er sie in der Pose »Fisch« auf, indem er sie mit dem rechten Arm von unten an der Taille und mit dem linken Arm von oben um den linken Oberschenkel fasst.

Bei dieser Hebung muss die Partnerin äußerst konzentriert sein. Alle Muskeln sind fest angespannt. Beim Auffangen federt der Partner etwas in den Beinen nach. Sein Oberkörper bleibt dabei gerade.

Der Hilfeleistende steht mit dem Gesicht zum Partner und hält seine linke Hand unter den Mittelkörper der Partnerin.

2. Beispiel *Hochwerfen der Partnerin in der 1. arabesque und Auffangen in der Pose »Fisch« – mit Drehung*

Der Partner wirft die Partnerin etwas nach oben. Sie schließt beide Beine in der V. Position (die Arme sind in der 3. Position) und führt eine Drehung in der Luft über links aus und endet in der Pose »Fisch«, mit dem Gesicht zu Punkt 7.

Der Partner fasst mit seinem linken Arm von unten ihren Oberkörper und mit dem rechten Arm von oben um ihren rechten Oberschenkel. Wenn die Partnerin die Pose wechselt, darf sie sich nicht auf den Brustkorb des Partners setzen. Ihre Oberschenkel sind die ganze Zeit langgezogen und gestreckt. Ihr Oberkörper ist im Kreuz und Schultergürtel nach unten gebogen, der Kopf ist in den Nacken gelegt

3. Beispiel *Hochwerfen der Partnerin in der 3. arabesque und Auffangen in der Pose »Fisch« – mit Drehung*

Der Partner wirft die Partnerin senkrecht, jedoch nicht zu kräftig, hoch.

Sie führt eine ganze Drehung über rechts in der horizontalen Lage aus und nimmt die Pose »Fisch« mit dem Gesicht zu Punkt 3 ein. Während der Drehung geht ihr linker Arm schnell in die 3. Position, während die Beine in der Luft für den Bruchteil einer Sekunde die V. Position fixieren.

Nach der Drehung winkelt sie das rechte Bein mit der Fußspitze zur Mitte des linken Schienbeines an. Der Partner fasst sie mit dem rechten Arm von unten um die Taille und mit dem linken Arm von oben um den Oberschenkel.

4. Beispiel *Hochwerfen der Partnerin in der 4. arabesque und Auffangen in der Pose »Fisch« – mit einer unvollständigen Drehung*

Der Partner wirft die Partnerin leicht nach oben. In diesem Augenblick schließt sie für den Bruchteil einer Sekunde die Beine in der V. Position (die Arme sind in der 3. Position), wendet sich etwas über links und nimmt die Pose »Fisch« in der Luft ein.

Der Partner fasst sie mit dem rechten Arm von unten um die Taille und mit dem linken Arm am linken Oberschenkel.

Das Gleiche wird auch mit einer ganzen Wendung der Partnerin über rechts gelehrt (auffangen in der Pose »Fisch«, mit dem Gesicht zu Punkt 3).

In diesem Fall wirft der Partner die Partnerin etwas kräftiger nach oben und fängt sie auf die oben beschriebene Weise auf.

5. Beispiel *Hochwerfen der Partnerin in der Pose »Schwalbe« und Auffangen in der Pose »Fisch« mit ganzer Drehung*

Der Partner wirft die Partnerin senkrecht, jedoch nicht zu kräftig, hoch. In diesem Augenblick führt die Partnerin eine ganze Drehung über rechts in der horizontalen Lage aus und führt die Arme in die 3. Position und die Beine in die V. Position. Die Drehung beendet die Partnerin in der Pose »Fisch« mit dem Gesicht zu Punkt 3.

Der Partner fasst sie mit dem rechten Arm von unten um die Taille und mit dem linken Arm von oben um den linken Oberschenkel.

6. Beispiel

Doppelte Drehung der Partnerin in der Luft in der horizontalen Lage (»doppelte Roulade«)

Bei der Erklärung dieser Drehung ist es notwendig, die Partnerin auf drei Sprünge des Klassischen Tanzes hinzuweisen, die die Grundlage für diese Bewegung darstellen:

Das jeté entrelacé hilft ihr, den Körper in die horizontale Lage zu bringen; die Drehforce wird durch einen Ansatz wie bei tour en l'air und assemblé en tournant erzeugt.

Ausgangshaltung der Partnerin: hohe 1. arabesque, rechtes Bein ist Standbein.

Ausgangsstellung des Partners: 1. arabesque à terre, rechtes Bein ist Standbein, auf der Linie von Punkt 3 zu Punkt 7, drei bis vier Schritte von der Partnerin entfernt.

Die Partnerin führt pas chassé zum Partner und pas tombé auf das linke Bein aus. Dann wirft sie das rechte Bein hoch (zu Punkt 7), um in der Luft die horizontale Lage zu erreichen. Das linke Bein wird zum rechten Bein geführt und die Arme schnell in die 3. Position übertragen (siehe Abbildung 95).

Ansatzbewegung und Sprung sind so zu berechnen, dass sich während der Drehungen beide Oberschenkel der Partnerin vor der Brust des Partners befinden. Die Partnerin darf erst im Kulminationspunkt ihres Sprunges Force für die Drehung nehmen.

Abb. 95 Doppelte Drehung in der Luft in der horizontalen Lage (doppelte Roulade)

Der Partner fasst sie mit beiden Händen an der Taille, wirft sie kräftig nach oben und gibt ihr Force für die Drehung über links. Mit der linken Hand fasst er etwas höher, nahe unter ihrem rechten Schulterblatt (mit dieser Hand hält er die Partnerin in der horizontalen Lage), und mit der rechten Hand fasst er sie am Beckenknochen (mit dieser Hand wirft er die Partnerin stärker nach oben und gibt ihr Force für die Drehung).

Nach der doppelten Drehung in der Luft in der horizontalen Lage nimmt die Partnerin die Pose »Fisch« ein, während er sie mit dem rechten Arm um die Taille und mit dem linken Arm um den Oberschenkel fasst.

Diese Hebung verlangt von den Partnern äußerste Koordination der Bewegungen und ein einheitliches Tempo und muss deswegen häufiger geübt werden als andere Hebungen

III. Teil

Unterrichtsbeispiele

1. Unterrichtsjahr

Unterrichtsstunde zum Abschluss des 1. Halbjahres*

Adagio

1. Beispiel — 4/4-Takt (sehr langsam), 16 Takte

Bei der Ausführung des Adagios hält der Partner die Partnerin mit beiden Händen an der Taille.

Ausgangshaltung:
Die Partnerin steht in der V. Position, das linke Bein vorn, die Arme in der vorbereitenden Haltung. Der Partner steht hinter ihr, beide Hände halten ihre Taille.

Auftakt:	Beide Partner gehen ins demi-plié.
1. Takt:	Die Partnerin führt mit dem rechten Bein pas glissade zu Punkt 3 aus und anschließend einen Schritt mit dem rechten Bein in 1. arabesque auf Spitze.
2. Takt:	Grand port de bras vor, der Oberkörper der Partnerin richtet sich wieder bis zur Ausgangshaltung auf.
3. u. 4. Takt:	Führung der Partnerin im ganzen Kreis über rechts.
5. Takt:	Die Partnerin geht ins demi-plié. 3. Viertel – der Partner löst die Hände von der Taille. 4. Viertel – er fasst die Partnerin von Neuem.
6. Takt:	Pas de bourrée in die V. Position ins demi-plié mit Wendung über rechts (wie battement soutenu), die Partnerin geht in der V. Position auf Spitze und hebt die Arme in die 3. Position.

* Um Wiederholungen zu vermeiden, werden in den Beispielen im Prinzip nur die Bewegungen der Partnerin erläutert, da die Arten der Hebungen und Führungen bereits weiter vorn beschrieben wurden.

7. Takt: Die Partnerin legt sich nach rechts in den rechten Arm in den Ellenbogenwinkel des Partners. Der Partner lässt sie bis zur Schräglage herab.
8. Takt: Aufrichten der Partnerin in die Ausgangshaltung.
4. Viertel – die Partnerin geht ins demi-plié und senkt die Arme in die vorbereitende Haltung.

Auf die nächsten 8 Takte wird die Kombination zur anderen Seite mit dem anderen Bein wiederholt.

2. Beispiel $^3/_4$-Takt (sehr langsam), 16 Takte

Während des gesamten Adagios hält der Partner die Partnerin an den Handgelenken.

Ausgangshaltung:
Die Partnerin steht in der V. Position, rechtes Bein vorn, Arme in der vorbereitenden Haltung, der Partner steht hinter ihr.

Auftakt: Beide gehen ins demi-plié.
1. Takt: Relevé in der V. Position auf Spitze, die Arme werden in die 3. Position übertragen. Der Partner hält sie mit beiden Händen an den Handgelenken.
2. u. 3. Takt: Développé in Pose croisée vor und grand rond de jambe in Pose attitude croisée. Der linke Arm der Partnerin wird in die 2. Position geöffnet.
4. Takt: Führung – $^3/_4$-Kreis über rechts bis in Pose attitude effacée.
5. Takt: Übergang ins demi-plié, attitude allongée.
6. Takt: Pas du bourrée in die V. Position ins demi-plié, der Partner lässt die Handgelenke der Partnerin los.
7. u. 8. Takt: Das rechte Bein wird mit einem Wechsel des épaulement in die V. Position rück eingesetzt (linke Schulter vorn), Übergang ins demi-plié, Arme senken sich in die vorbereitende Haltung.
Auf die nächsten 8 Takte wird die Kombination zur anderen Seite mit dem anderen Bein wiederholt.

3. Beispiel ⁴/₄-Takt (sehr langsam), 16 Takte

Ausgangshaltung:
Der Partner steht in einer bedingten IV. Position effacée – Ausfall auf dem rechten Bein, rechte Hand in der 1. Position, linke in der 2. Position, Handflächen sind nach oben gedreht, der Kopf ist nach links gewendet; die Partnerin steht einen Schritt hinter ihm, auf der Diagonale von Punkt 2 zu Punkt 6, auf dem linken Bein, rechtes Bein ist croisé rück aufgestellt, Arme in der vorbereitenden Haltung.

Auftakt: Die Partnerin geht auf dem linken Bein ins demi-plié.

1. Takt: Schritt nach vorn zum Partner auf das rechte Bein auf Spitze in Pose attitude effacée, gleichzeitig hebt die Partnerin die Arme in die 3. Position, danach senkt sie die linke Hand in seine linke und die rechte auf sein linkes Schultergelenk.
4. Viertel – der Partner stellt das linke Bein zum rechten und streckt die Knie.

2. Takt: Führung – einen ganzen Kreis über links.

3. Takt: Die Partnerin nimmt Force für Pirouette en dedans (dreht jedoch nicht), führt die Arme in die 3. Position und legt das linke Bein mit der Fußspitze in der Haltung passé am rechten Knie an. Der Partner tritt schnell hinter die Partnerin und fasst mit beiden Händen ihre Taille (wie bei den Drehungen), sodass ihre linke Schulter zu Punkt 1 zeigt.
4. Viertel – sie öffnet schnell ihr linkes Bein in die 1. arabesque.

4. Takt: Die Partnerin geht ins demi-plié und führt pas de bourrée in die V. Position aus (linkes Bein vorn).

5. Takt: Schritt nach vorn zu Punkt 2 auf die Spitze des linken Beines in die 3. arabesque. Der Partner fasst die Partnerin mit beiden Händen an der Taille.
2., 3. und 4. Viertel – die Pose wird fixiert.

6. Takt: Die Partnerin wechselt über passé aus der 3. arabesque in Pose effacée vor 90°.

7. Takt: Tombé auf das rechte Bein und pas de bourrée in die V. Position (linkes Bein vorn).

8. Takt: Beide Partner nehmen die Ausgangshaltung ein, um die Kombination mit dem anderen Bein zu wiederholen.

Allegro

$^{2}/_{4}$-Takt, 16 Takte

Ausgangshaltung:
Die Partnerin steht in der V. Position épaulement croise, rechtes Bein vorn; der Partner steht hinter ihr und hält sie während der Sprungkombination mit beiden Händen an der Taille.

Auftakt: demi-plié.
1. Takt: Pas échappé ungewechselt in die V. Position (rechtes Bein vorn).
2. Takt: 2 sautés de volés zu Punkt 8. Bei jedem sauté macht der Partner einen Schritt zu Punkt 8.
3. Takt: Pas échappé ungewechselt in die V. Position (rechtes Bein vorn).
4. Takt: 2 sautés de volés zu Punkt 4. Bei jedem sauté macht der Partner einen Schritt zu Punkt 4.
5. Takt: Pas sissonne auf das rechte Bein in 1. arabesque und petit pas assemblé in die V. Position (linkes Bein vorn).
6. Takt: Wiederholung des 5. Taktes zur anderen Seite.
7. u. 8. Takt: Die Partnerin führt pas suivi im Kreis über rechts um den Partner (mit dem Rücken zu ihm) herum aus und endet in der V. Position (linkes Bein vorn).

Auf die nächsten 8 Takte wird die gesamte Kombination zur anderen Seite wiederholt.

Pirouetten

1. Beispiel $^{2}/_{4}$-Takt (langsames Tempo), 16 Takte

Ausgangshaltung:
Die Partnerin steht in der V. Position, rechtes Bein vorn, Arme in der vorbereitenden Haltung; der Partner steht hinter ihr, beide Hände fassen ihre Taille.

Auftakt: Pas échappé auf Spitze in die II. Position (épaulement).
1. Takt: 1. Viertel – schließen in die V. Position, rechtes Bein rück. Auf »und« und 2. Viertel – Wiederholung und in V. Position enden, rechtes Bein vorn.

2. Takt:	1. Viertel – Pirouette en dehors aus der V. Position.
	2. Viertel – Pirouette in der V. Position beenden, rechtes Bein rück einsetzen.
3. u. 4. Takt:	Wiederholung der Bewegungen des 1. und 2. Taktes zur anderen Seite.
5. Takt:	1. Viertel – pas échappé auf Spitze in IV. Position croisée.
	2. Viertel – absetzen ins demi-plié in die IV. Position.
6. Takt:	Pirouette en dedans in der V. Position beenden, linkes Bein vorn.
7. u. 8. Takt:	Wiederholung des 5. und 6. Taktes zur anderen Seite.

2. Beispiel 3/4-Takt, 16 Takte

Ausgangshaltung:
Die Partnerin steht in der V. Position, linkes Bein vorn, Arme in der vorbereitenden Haltung; der Partner steht hinter ihr, beide Hände fassen ihre Taille.

Auftakt:	demi-plié.
1. u. 2. Takt:	Pas glissade mit dem rechten Bein und grand assemblé mit Fortbewegung zu Punkt 2.
3. u. 4. Takt:	Révérence mit dem rechten Bein (führen beide aus).
5.– 8. Takt:	Wiederholung Takt 1–4 mit dem anderen Bein.

2. musikalische Phrase:

1. u. 2. Takt:	Pas glissade mit dem rechten Bein und kleines jeté zu Punkt 3.
3. u. 4. Takt:	2 temps levés mit dem rechten Bein.
5.– 8. Takt:	Wiederholung der Takte 1–4 mit dem anderen Bein.
	3. Viertel des 8. Taktes – petit pas assemblé mit dem rechten Bein und enden in der V. Position, rechtes Bein vorn.

Unterrichtsstunde zum Abschluss des Schuljahres

Adagio

1. Beispiel $^{3}/_{4}$-Takt (langsam), 16 Takte

Ausgangshaltung:
Die Partnerin steht auf dem linken Bein mit dem Rücken zu Punkt 3 in der Pose croisée à terre, rechtes Bein rück; der Partner kniet 3–4 Schritte von ihr entfernt auf dem linken Bein, beide Arme sind zur Partnerin gestreckt.

Einleitung: 2 Takte – die Partnerin geht mit ausgestreckten Armen zum Partner.

1. Takt: Nachdem die Partnerin ihre rechte Hand in die linke Hand und ihre linke Hand in die rechte Hand des Partners gelegt hat, nimmt sie die 1. arabesque ein (linkes Bein Standbein, auf ganze Spitze) und öffnet die gefassten Arme in die 2. Position.

2. Takt: Sie führt im langsamen Tempo $^{1}/_{2}$ Pirouette en dedans aus. Der Partner kniet auf dem linken Bein und hält die Partnerin während der Drehung an der Taille. Sie endet mit dem Rücken zum Partner.

3. Takt: Die Partnerin öffnet das rechte Bein nach vorn und neigt dabei ihren Oberkörper nach rück in die horizontale Lage. Der Partner bleibt in seiner Haltung und hält sie mit beiden Händen an der Taille.

4. Takt: Mit einer schnellen Bewegung führt die Partnerin das rechte Bein durch die I. Position nach rück in die Pose attitude croisée. Der Partner erhebt sich aus der knienden Haltung und hält sie weiter an der Taille.

5. Takt: Die Partnerin geht ins demi-plié, der Partner löst seine Hände von ihrer Taille.

6. Takt: Die Partnerin führt mit dem rechten Bein pas glissade aus.

7. Takt: Mit einem Schritt auf das rechte Bein auf Spitze nimmt die Partnerin die 1. arabesque (Richtung zu Punkt 3) ein und lässt sich bereits etwas nach vorn fallen. Der Partner fängt sie dabei mit dem rechten Arm unter ihrem geneigten Oberkörper auf (er fasst sie von unten um ihre Gürtellinie) und neigt sie weiter nach unten in der 1. arabesque. Den linken Arm öffnet er in die 2. Position.

8. Takt: Der Partner hebt die Partnerin in die Senkrechte zurück. Er hält sie dabei mit beiden Händen an der Taille und hilft ihr, die Pose attitude croisée einzunehmen.
3. Viertel – sie setzt das linke Bein in die V. Position rück ein, senkt die Arme in die vorbereitende Haltung und geht ins demi-plié.

2. musikalische Phrase:

1. Takt: Die Partnerin führt mit dem rechten Bein pas de bourrée nach vorn zu Punkt 1 aus.
2. Takt: Haltung en face IV. Position, linkes Bein vorn.
3. Takt: 2 Pirouetten en dehors und Abschluss à la seconde 90°.
4. Takt: Grand fouetté in Pose attitude croisée.
5. Takt: Demi-plié, der Partner löst die Hände.
6. Takt: Pas de bourrée en tournant in die V. Position.
7. Takt: Aus der V. Position 2 Pirouetten en dehors in große Pose croisée vor 90°.
8. Takt: Die Partnerin stellt das rechte Bein in die V. Position vorn ab, senkt die Arme in die vorbereitende Haltung und geht ins demi-plié.

2. Beispiel ⁴/₄-Takt (sehr langsam), 16 Takte

Ausgangshaltung:
Die Partnerin steht in der Pose croisée (linkes Bein ist Standbein, rechtes Bein ist auf dem Boden) in der rechten oberen Ecke, Rücken zu Punkt 4. Der Partner steht in der gleichen Pose ½ Schritt neben ihr.

Einleitung: Ein Takt – beide Partner gehen mit rechts beginnend 4 Schritte auf der Diagonale zu Punkt 8.

1. Takt: Die Partnerin reicht dem Partner beide Hände und stellt sich auf das rechte Bein auf Spitze in die 4. arabesque.
2. Takt: Führung en dedans (ganzer Kreis), der Partner führt auf jedes Viertel einen Schritt aus.
3. Takt: Die Partnerin stößt sich von den Armen des Partners ab, bleibt auf der Spitze und führt ½ Pirouette en dehors aus und endet in der Pose croisée vor. Der Partner hält sie mit beiden Händen an der Taille.

3. Viertel – die Partnerin senkt das linke Bein in die V. Position vor, Arme in vorbereitender Haltung.
4. Viertel – demi-plié.

4. Takt: Der Partner steht am Platz, während die Partnerin 3 Schritte (mit links beginnend) in Richtung zu Punkt 2 ausführt. Mit dem 4. Schritt stellt sie sich auf die Spitze des rechten Beines in die 1. arabesque (Richtung zu Punkt 2).

Auftakt: Die Partnerin führt pas chassé mit dem linken Bein zum Partner aus.

5. Takt: Sie stellt sich auf das linke Bein, Gesicht zum Partner, in Pose écartée (rechtes Bein ist zu Punkt 6 gerichtet). Der Partner hält sie mit beiden Händen an der Taille.

6. Takt: Der Partner gibt ihr Force für 1/2 Pirouette en dehors, die Partnerin endet in der 1. arabesque.

7. Takt: Der Partner hebt sie in der 1. arabesque, Richtung zu Punkt 7 (linker Arm unter ihrem geneigten Oberkörper, rechter Arm von oben um den rechten Oberschenkel).

8. Takt: 1. Viertel – der Partner setzt sie in der 1. arabesque auf das linke Bein ab.
2. Viertel – sie setzt das rechte Bein in die V. Position rück ein. Der Partner steht rechts von ihr.
3. und 4. Viertel – beide gehen mit dem Rücken in die linke obere Ecke und beginnen das Adagio mit dem anderen Bein.

Auf die folgenden 8 Takte wird das Adagio in die andere Richtung wiederholt.

Pirouetten

3/4-Takt (ruhiges Tempo), 32 Takte

Ausgangshaltung:
Die Partnerin steht in der V. Position, rechtes Bein vorn, Arme in der vorbereitenden Haltung, der Partner steht hinter ihr.

Auftakt: Die Partnerin geht ins demi-plié.

1. Takt: Die Partnerin führt pas de bourrée mit dem rechten Bein zu Punkt 1 aus und führt die Arme in die 3. Position, der Partner folgt ihr.

2. Takt: Die Partnerin setzt in die IV. Position en face ab, linkes Bein vorn; der Partner hält sie mit beiden Händen an der Taille.

3. Takt: Die Partnerin führt 2 Pirouetten en dehors aus und endet à la seconde 90°.
4. Takt: Pause.
5. Takt: Die Partnerin führt 1 Pirouette en dedans aus, hebt die Arme in die 3. Position an und endet erneut in Pose à la seconde 90°.
6. Takt: Pause.
7. Takt: Die Partnerin führt 1 Pirouette en dedans aus und führt das rechte Bein zur Haltung sur le cou-de-pied rück (Arme in der 1. Position, etwas zur Seite geöffnet).
8. Takt: Die Partnerin setzt das rechte Bein in die V. Position rück ein, senkt die Arme in die vorbereitende Haltung und geht von der Spitze ins demi-plié.

Auf die folgenden 8 Takte wird die Kombination mit dem anderen Bein wiederholt.

2. musikalische Phrase:
1. Takt: Sissonne fermée nach rechts ohne Beinwechsel.
2. Takt: Sissonne fermée nach links ohne Beinwechsel.
3. Takt: Aus der V. Position 2 Pirouetten en dehors.
4. Takt: Rechtes Bein in die V. Position rück einsetzen, Übergang ins demi-plié und Arme in die vorbereitende Haltung senken.
5.– 8. Takt: Wiederholung der Kombination mit dem anderen Bein, wie Takt 1–4.

3. musikalische Phrase:
1. Takt: Schritt mit dem rechten Bein auf Spitze in 1. arabesque, zu Punkt 2. Der Partner hält die Partnerin an den Handgelenken.
2. Takt: Die Partnerin setzt in die IV. Position croisée ab, linkes Bein vorn.
3. Takt: 2 Pirouetten en dehors in Pose écartée zu Punkt 2.
4. Takt: Pause.
5. u. 6. Takt: Pas tombé auf das rechte Bein und 2 tours chaînés zu Punkt 2.
7. Takt: Die Partnerin nimmt die 1. arabesque ein, der Partner hält sie an den Handgelenken.
8. Takt: Pirouette en dedans in Pose attitude croisée, der Partner hält sie während der Drehung mit beiden Händen an der Taille.

Allegro

1. Beispiel $^4/_4$-Takt (ruhiges Tempo), 8 Takte

Ausgangshaltung:
Die Partnerin steht in der V. Position, rechtes Bein vorn, Arme in der vorbereitenden Haltung. Der Partner steht hinter ihr, er hält sie mit beiden Händen an der Taille.

Auftakt: demi-plié.
1. Takt: 2 pas ballonés effacés, jeté in 1. arabesque und petit pas assemblé in die V. Position, linkes Bein vorn.
2. Takt: Die Kombination wird mit dem anderen Bein wiederholt.
3. Takt: Sissonne soubresaut in die 1. arabesque auf das rechte Bein, pas failli, grand fouetté sauté (en face) und petit pas assemblé in die V. Position, rechtes Bein vorn.
4. Takt: Beide Partner gehen in der IV. Position nach rück und enden in der V. Position, linkes Bein vorn.
5.– 8. Takt: Die Kombination wird mit dem anderen Bein wiederholt, wie Takt 1-4 (die Bewegung beginnt mit dem linken Bein).

2. Beispiel $^3/_4$-Takt (ruhiges Tempo), 16 Takte

Ausgangshaltung:
Die Partnerin steht in der V. Position, linkes Bein vorn, rechter Arm in der 1. und linker in der 2. Position. Der Partner steht links von ihr, auch V. Position, seine rechte fasst ihre rechte und seine linke ihre linke Hand.

1. u. 2. Takt: Beide Partner führen mit leichter Fortbewegung nach vorn 2 pas de basque aus, erstes links beginnend, zweites rechts.
3. Takt: Die Partnerin führt Schritt mit links aus (vor dem Partner), dann pas assemblé en tournant und endet en face, links von ihm. Die Hände bleiben während des Sprunges gefasst. Der Partner unterstützt dadurch ihren Sprung.
4. Takt: Pause.
5.– 8. Takt: Die Kombination wird mit dem anderen Bein wiederholt.

2. musikalische Phrase:

1. Takt: Schritt auf das rechte Bein auf Spitze in 1. arabesque zu Punkt 2. Der Partner löst die rechte Hand und hält sie nur noch mit der linken Hand.

2. Takt: Die Partnerin geht in der 1. arabesque ins demi-plié.

3. u. 4. Takt: Die Partnerin führt pas chassé und grand assemblé auf der Diagonale zu Punkt 6 aus. Während des Sprunges stützt der Partner sie mit seiner rechten Hand in der linken Seite, linke Hände bleiben gefasst.

5. Takt: Der Partner setzt sie ab. Die Partnerin fuhrt relevé en tournant in der V. Position auf Spitze aus, linkes Bein vorn, Richtung zu Punkt 2.

6. Takt: Die Partnerin geht ins demi-plié.

7. Takt: Pas glissade mit dem rechten Bein.

8. Takt: Grand jeté in die 1. arabesque.
3. Viertel – die Partnerin ändert die Arme und geht in der 2. arabesque ins demi-plié. Während des pas glissade und grand jeté hält der Partner sie an der Taille.

Zum Unterrichtsschluss wiederholt man die Adagios aus dem klassischen Erbe oder aus dem zeitgenössischen Repertoire, die während des Jahres erlernt wurden.

Die ausgewählten Beispiele sollen dem Programm und dem Ausbildungsstand der Schüler entsprechen. Im 2. Jahr kann man das Adagio aus dem Ballett »Giselle« von Adam in das Unterrichtsprogramm aufnehmen (eingeschobener Pas de deux im 1. Akt).

2. Unterrichtsjahr

Der Unterrichtsaufbau bleibt wie im 1. Jahr. Man vergrößert die tänzerischen Kombinationen und Etüden, das Tempo wird schneller.

Adagio und Allegro werden dynamischer ausgeführt. Der Schüler soll lernen, den gesamten Klassenraum zu beherrschen. Große Sprünge können gleichzeitig mit zwei bis drei Paaren ausgeführt werden.

Unterrichtsstunde zum Abschluss des 1. Halbjahres

Adagio

3/4-Takt (ruhiges Tempo), 32 Takte

Ausgangshaltung:
Die Partnerin befindet sich in der linken oberen Ecke, mit dem Rücken zu Punkt 6. Der Partner steht in der rechten unteren Ecke mit dem Rücken zu Punkt 2. Die Ausgangspose wird vom Pädagogen bestimmt.

Einleitung: 2 Takte – die Partner gehen einander entgegen zur Saalmitte.

1. Takt: Die Partnerin reicht dem Partner die rechte Hand und geht mit einem Schritt des linken Beines auf Spitze in Pose attitude croisée, ihr linker Arm befindet sich in der 3. Position. Der Partner fasst mit seiner rechten Hand ihre rechte Hand in der 1. Position.

2. u. 3. Takt: Führung en dehors, ganzer Kreis.

4. Takt: Der Partner hebt den rechten Arm der Partnerin in die 3. Position, die Partnerin führt ihr Spielbein zur Haltung passé 90°.

5. Takt: Der Partner dreht seine rechte Hand so, dass beide Handflächen aufeinander liegen.

6. Takt: Mit der rechten Hand wendet der Partner die Partnerin über rechts bis zur Pose croisée vor, er selbst stellt sich links von ihr auf. Danach fasst seine linke Hand ihre linke Hand.

7. u. 8. Takt: In dieser Haltung Führung en dehors. Während der Führung bereiten sich beide für die Pirouetten mit Fassung an einem Finger vor.

2. musikalische Phrase:

1. Takt: 2 Pirouetten en dehors in Pose écartée vor 90°.
Nach der Drehung hält der Partner die Partnerin an, indem er mit seiner linken Hand ihre linke Hand fasst.

2. Takt: Die Partnerin geht ins demi-plié und öffnet das Spielbein in Pose effacée vor. Er löst seine Hände und fasst sie an der Taille.

3. u. 4. Takt: Die Partnerin führt grand jeté in 1. arabesque zu Punkt 2 aus. Der Partner hebt sie dabei, trägt sie in diese Richtung und setzt sie ins plié ab.

5. Takt: Der Partner geht 3 Schritte zurück zu Punkt 6. Sie bleibt in der 1. arabesque im demi-plié.

6. Takt: Die Bewegung beginnt auftaktig; die Partnerin führt pas chassé und jeté entrelacé in seine Arme aus und endet im »Fisch«.

7. u. 8. Takt: Der Partner trägt die Partnerin in dieser Pose und dreht sich zweimal am Platz über links.

3. musikalische Phrase:

1. Takt: Der Partner stellt die Partnerin in die 1. arabesque auf Spitze ab.

2. Takt: Die Partnerin senkt das linke Bein und setzt es in V. Position vor ein.

3. Takt: Beide Partner verbeugen sich zueinander.

4. Takt: Die Partnerin geht ins demi-plié.

5.–7. Takt: Sie geht nach rechts zu Punkt 4, er nach links zu Punkt 8, beide sich einander anschauend.

8. Takt: Sie laufen einander entgegen zur Saalmitte.

4. musikalische Phrase:

1. Takt: Der Partner reicht der Partnerin beide Hände, sie stellt sich in die 3. arabesque auf das rechte Bein, der Partner kniet sich auf das linke Bein und hält die Hände der Partnerin in der 2. Position.

2. Takt: Die Partnerin stößt sich von seinen Händen ab und führt 3/4 große Pirouette en dehors aus (in arabesque) und endet in

der 1. arabesque; der Partner erhebt sich und hält sie mit beiden Händen an der Taille.

3. Takt: Die Partnerin führt pas de bourrée in die V. Position aus.

4. Takt: Pas soutenu en tournant über die V. Position auf Spitze und demi-plié.

5. Takt: Hebung auf die rechte Schulter des Partners in die sitzende Haltung.

6. Takt: Der Partner geht mit der Partnerin zu Punkt 8.

7. Takt: Mit Drehung über links senkt der Partner die Partnerin von der Schulter in den »Fisch« mit dem Gesicht zu Punkt 7.

8. Takt: Der Partner stellt die Partnerin auf das linke Bein in die 1. arabesque ab.
3. Viertel – sie schließt das rechte Bein in die V. Position vor.

Es ist unbedingt darauf zu achten, dass die Partner in diesem Adagio nicht mit gewöhnlichen Schritten auseinander gehen, sondern alle Schritte im Stil des Klassischen Tanzes ausführen.

Andantino

3/4-Takt (energisch), 16 Takte

Ausgangshaltung:
Beide Partner stehen in der V. Position, rechts vorn, épaulement croisé, Arme in der vorbereitenden Haltung, der Partner steht einen Schritt hinter der Partnerin.

Auftakt: Beide gehen ins demi-plié.

1. Takt: Beide führen mit dem rechten Bein pas chassé effacé und saut de basque mit kleinem Sprung aus.

2. Takt: Die Partnerin geht mit Schritt auf die Spitze des rechten Beines in Pose attitude effacée. Der Partner hält mit seiner linken Hand ihre rechte Hand.
3. Viertel – die Partnerin geht ins demi-plié, öffnet den linken Arm in die 2. Position und streckt das linke Bein.

3. Takt: 2 Pirouetten en dedans in Pose croisée vor 90°. Der Partner steht hinter ihr und hält sie mit beiden Händen an der Taille.

4. Takt: 1. Viertel – Pause.
2. Viertel – die Partnerin senkt das linke Bein in die V. Position vor.
3. Viertel – die Partnerin geht ins demi-plié.

5. Takt: Mit rechts pas glissade zu Punkt 3 und grande cabriole fouettée in die Pose »Fisch«.
6. Takt: Pause.
7. Takt: Der Partner setzt die Partnerin in die 1. arabesque auf das linke Bein ab.
3. Viertel – die Partnerin schließt das rechte Bein in die V. Position vor.
8. Takt: Relevé en tournant in der V. Position auf Spitze und Übergang ins demi-plié.

2. musikalische Phrase:
1. Takt: Die Partnerin führt mit dem rechten Bein pas glissade hinter dem Partner aus und grand jeté en tournant in Pose attitude; der Partner hebt sie mit beiden Händen an der Taille zu Punkt 8.
2. Takt: Er setzt sie ins demi-plié auf das rechte Bein in Pose attitude croisée ab.
3. Takt: Die Partnerin führt 2 Pirouetten en dedans aus und endet in Pose écartée rück 90°.
4. Takt: Sie setzt das linke Bein in die V. Position rück ein, geht von der Spitze ins demi-plié und öffnet das rechte Bein croisé vor à terre. Ihr rechter Arm geht in die 1. und der linke Arm in die 2. Position.
5. Takt: Sie führt 2 tours chaînés aus.
3. Viertel – sie geht auf die Spitze des rechten Beines in 1. arabesque. Der Partner fasst sie beim Übertreten mit beiden Händen an der Taille.
6. Takt: Der Partner bereitet sich für die Hebung der Partnerin in der 1. arabesque vor (Arme im Endpunkt gestreckt).
7. Takt: Hebung.
8. Takt: Nachdem er sie etwas nach oben geworfen hat, fängt er sie in der Pose »Fisch« auf.
3. Viertel – er setzt sie in der 1. arabesque auf das rechte Bein ab.

Ein Beispiel für ein Adagio am Schluss des 1. Halbjahres des 2. Studienjahres: »cis-Moll-Walzer« von F. Chopin in der Choreografie von M. Fokin.

Allegro

1. Beispiel $^{2}/_{4}$-Takt (langsam), 16 Takte

Ausgangshaltung:
Die Partnerin steht in der V. Position, rechtes Bein vorn, Arme in der vorbereitenden Haltung. Der Partner steht hinter ihr und hält sie mit beiden Händen an der Taille.

Auftakt: Demi-plié.
1. Takt: Mit dem rechten Bein pas glissade und ballonné battu.
2. Takt: Jeté in 1. arabesque auf das rechte Bein und sofort jeté in 1. arabesque auf das linke Bein.
3. Takt: Wieder jeté auf das rechte Bein in 1. arabesque und jeté entrelacé in Pose »Fisch« in die Arme des Partners.
4. Takt: Der Partner setzt die Partnerin in der 1. arabesque auf das linke Bein ab, sie führt pas failli aus und führt ihr rechtes Bein in die IV. Position vor.
5. Takt: Petit pas de chat nach vorn und mit dem linken Bein pas de bourrée en dedans in die IV. Position, rechtes Bein vor.
6. Takt: 2 Pirouetten en dehors in Pose à la seconde 90°.
7. Takt: Passé mit dem linken Bein in Pose croisée vor.
8. Takt: 2 Pirouetten en dehors und enden in der V. Position, linkes Bein vorn.

Die gesamte Kombination wird mit dem anderen Bein auf die folgenden 8 Takte wiederholt.

2. Beispiel $^{4}/_{4}$-Takt (langsam), 8 Takte

Ausgangshaltung:
Die Partnerin steht in der V. Position, rechtes Bein vorn, Arme in der vorbereitenden Haltung; der Partner steht hinter ihr, beide Hände an der Taille.

Auftakt: Demi-plié.
1. Takt: Die Partnerin führt mit dem rechten Bein pas glissade und grand pas de basque zu Punkt 2 aus. Nach dem Sprung nimmt sie die IV. Position croisée ein, linkes Bein vorn, und geht auf das rechte Knie.

2. Takt: 2 Pirouetten en dehors in Pose effacée vor 90°, tombé auf das rechte Bein; in diesem Moment löst der Partner die Fassung und geht zu Punkt 6 mit 3 Schritten. Die Partnerin führt auf dem rechten Bein relevé auf Spitze in der 1. arabesque aus. 4. Viertel – sie geht danach wieder ins demi-plié.

3. Takt: Pas chassé der Partnerin mit Wendung zum Partner, beide Partner fassen sich an den Händen und pas assemblé en tournant der Partnerin um den Partner. Danach in der V. Position relevé en tournant über links und Absetzen ins demi-plié.

4. Takt: Beide Partner laufen zu Punkt 8, die Partnerin nimmt mit Schritt auf das linke Bein die 1. arabesque ein (Gesicht zu Punkt 8). Der Partner hält mit seiner rechten Hand ihre rechte Hand gefasst.

5. Takt: Pas chassé zum Partner und grand fouetté sauté in Pose attitude croisée, die rechten Hände beider Partner sind gefasst. Danach führt der Partner ihren Arm in die 3. Position, und die Partnerin, als würde sie unter dem Armbogen hindurchgehen, nimmt mit einem Schritt auf die Spitze des linken Beines von neuem die 1. arabesque ein. Der Partner ändert die Handhaltung, ohne dabei ihren Arm zu senken.

6. Takt: Wiederholung des 5. Taktes.

7. Takt: Die Partnerin führt mit dem rechten Bein pas failli, glissade und grand jeté in der 1. arabesque zu Punkt 8 aus. Der Partner hält sie mit beiden Händen an der Taille, trägt sie etwas in Sprungrichtung weiter und setzt sie weich in der 1. arabesque ins demi-plié ab. Der Partner geht 3–4 Schritte zu Punkt 4 zurück.

8. Takt: Pas chassé und saut de basque auf die rechte Schulter des Partners, er wendet sich über rechts und lässt die Partnerin von der Schulter herab in die Pose »Fisch« gleiten.

Unterrichtsstunde zum Abschluss des Schuljahres

Adagio

1. Beispiel $^4/_4$-Takt, 16 Takte

Ausgangshaltung:
Die Partnerin steht in der V. Position en face, rechtes Bein vorn, Arme in der vorbereitenden Haltung. Der Partner steht 2 Schritte links von ihr, halb zu ihr gewendet. Die Ausgangspose wird vom Pädagogen angegeben.

Auftakt: Der Partner reicht ihr seine rechte Hand, die Handfläche zeigt nach oben. Die Partnerin geht ins demi-plié.

1. Takt: Partnerin – relevé auf Spitze in der V. Position, port de bras in die 3. Position und dann in die 2. Position. Während die Partnerin ihre linke Hand dem Partner reicht, führt das rechte Bein développé à la seconde 90° aus.

2. Takt: Die Partnerin fixiert diese Pose. Der Partner wechselt schnell hinter ihrem Rücken die Seite und hält mit seiner linken Hand ihre rechte Hand.

3. Takt: Die Partnerin geht ins demi-plié und führt grand pirouette en dehors in Pose attitude aus, Arme in der 3. Position. Nachdem die Partnerin $^1/_2$ Pirouette ausgeführt hat und sobald ihre linke Schulter zum Partner gerichtet ist, tritt er mit dem rechten Bein auf sie zu, fasst sie an der Taille und führt sie bis zur Pose attitude effacée. Während dieser Führung stützt sich die Partnerin mit ihrer linken Hand auf seiner rechten Schulter ab.

4. Takt: Übergang ins demi-plié und Pose attitude allongée. Anschließend mit dem rechten Bein grand battement jeté vor, sodass der Körper in der Horizontalen liegt. Der Partner fasst sie mit dem linken Arm von oben um ihren Oberschenkel, wirft sie nach oben (mit Wendung über links), sodass die Partnerin auf seiner linken Schulter die Pose »Schwalbe« einnehmen kann.

5.Takt: Der Partner hält die Partnerin an der Schulter und geht zu Punkt 4 zurück.

6. Takt: Der Partner geht auf das rechte Knie und setzt die Partnerin hinter sich auf dem Boden ab. Sie geht hinter ihm vorbei und stellt sich rechts von ihm in der Pose croisée à terre auf. Der Partner nimmt die gleiche Pose ein.

7. Takt: Beide laufen nach vorn zu Punkt 8.

4. Viertel – sie reicht ihm beide Hände und stellt sich mit dem rechten Bein auf Spitze in die 4. arabesque.

8. Takt: 2 Pirouetten en dehors in Pose croisée vor 90°
4. Viertel – sie senkt das linke Bein in die V. Position vor.

2. musikalische Phrase:

Auftakt: Die Partnerin geht ins demi-plié.

1. Takt: Der Partner hebt die Partnerin auf beiden Händen hoch (Fassung unter ihrer Gürtellinie) und trägt sie zu Punkt 2.

2. Takt: Er setzt sie zuerst auf seine rechte Schulter ab, lässt sie dann in die Pose »Fisch« herunter und stellt sie auf das rechte Bein in der 1. arabesque ab.

3. u. 4. Takt: Der Partner geht nach links zu Punkt 7, die Partnerin nach rechts zu Punkt 3, beide bleiben mit dem Gesicht zueinander stehen.

5. Takt: Hebung in der 3. arabesque (mit Anlauf).

6. Takt: Der Partner trägt die Partnerin auf gestreckten Armen, wendet sich zu Punkt 6 und trägt sie in diese Richtung.

7. Takt: Der Partner setzt sie ab und stellt sich rechts von ihr in der Pose croisée à terre auf. Beide stehen auf dem rechten Bein in der Pose croisée à terre.

8. Takt: Die Partnerin führt mit dem rechten Bein pas glissade und grand jeté in der 1. arabesque aus. Der Partner hebt sie an der Taille hoch und trägt sie mit gestreckten Armen zur Seite (als wollte er von der Bühne abgehen).

Bei der Wiederholung des Adagios mit dem anderen Bein bleibt die Hebung in der 3. arabesque, das heißt, das Körpergewicht der Partnerin liegt auf der rechten Hand des Partners.

2. Beispiel ³/₄-Takt, 16 Takte

Ausgangshaltung:
Partnerin – V. Position, rechtes Bein vorn, Arme in der vorbereitenden Haltung. Der Partner steht 2 Schritte von ihr entfernt, mit der Front zu ihr, Rücken zu Punkt 3. Die Pose wird vom Pädagogen bestimmt.

Auftakt: Die Partnerin geht ins demi-plié.

1. Takt: Schritt auf die Spitze des rechten Beines in hohe 1. arabesque.

Der Partner hält mit seiner rechten Hand ihr rechtes Handgelenk.

2. u. 3. Takt: Führung en dedans, ganzer Kreis.

4 Takte: 2 Pirouetten en dedans mit Fassung am Handgelenk in Pose croisée vor 90°.

5. Takt: Die Partnerin senkt das linke Bein in die V. Position vor, der Partner hält sie mit beiden Händen an der Taille, ohne seine Haltung zu verändern. Sie springt hoch und neigt den Oberkörper etwas nach vorn, linkes Bein gestreckt, rechtes sur le cou-de-pied rück angelegt, beide Arme in der 3. Position. Der Partner hebt sie hoch und trägt sie auf gestreckten Armen. (Das Prinzip der Hebung ist das gleiche wie bei der Hebung mit Fassung unter der Gürtellinie der Partnerin.)

6. Takt: Der Partner trägt die Partnerin zu Punkt 6.

7. u. 8. Takt: Er setzt sie auf den Boden in die V. Position ab, rechtes Bein vorn – effacé. Er steht hinter ihr, beide Hände liegen an ihrer Taille.

2. musikalische Phrase:

Auftakt: Demi-plié.

1. Takt: Die Partnerin führt sissonne tombée auf das rechte Bein aus und anschließend cabriole in der 1. arabesque. Er hebt sie mit beiden Händen an der Taille und trägt sie zu Punkt 2.

2. Takt: Er setzt sie weich auf den Boden in der 1. arabesque demi-plié auf das rechte Bein ab.

3. u. 4. Takt: Wiederholung des 1. und 2. Taktes.

5. Takt: Die Partnerin geht nach vorn zu Punkt 2 und stellt sich in der 2. arabesque à terre auf. Rechtes Bein ist Standbein. Der Partner bleibt am Platz stehen und nimmt die gleiche Pose ein.

6. Takt: Sie führt pas chassé zum Partner aus.

7. Takt: Temps levé in der 4. arabesque genau vor dem Partner. Der Partner hebt sie hoch und trägt sie bis zum Ende des Taktes auf gestreckten Armen.

8. Takt: Er setzt sie in der 4. arabesque ins demi-plié auf das linke Bein ab.

Ein Beispiel für ein Adagio am Schluss des 2. Jahres: »Kleines Adagio« aus dem 2. Akt »Der Nußknacker« von P. I. Tschaikowski in der Choreografie von W. T. Wainonen.

Allegro

1. Beispiel — 4/4-Takt, 8 Takte

Ausgangshaltung:
Die Partnerin steht auf dem rechten Bein im demi-plié, linkes Bein sur le cou-de-pied rück angelegt, rechter Arm in der 1. Position, linker in der 2. Position. Der Partner steht hinter ihr, beide Hände liegen auf ihrer Taille.

1. Takt: Die Partnerin führt mit dem linken Bein pas glissade zu Punkt 8 aus, dann brisé dessus, brisé dessous und temps levé auf dem rechten Bein.
2. Takt: Die Folge wird wiederholt.
3. Takt: 2 brisés nach vorn in die V. Position, relevé in der V. Position auf Spitze, demi-plié und entrechat-six.
4. Takt: Sissonne fermée nach links (ohne Beinwechsel), sissonne fermée nach rechts (ohne Beinwechsel), 2 Pirouetten en dehors aus der V. Position in die V. Position, linkes Bein vorn.
4. Viertel – die Partnerin legt das rechte Bein sur le cou-de-pied rück an.
5.– 7. Takt: Wiederholung der Takte 1–3 mit dem anderen Bein.
8. Takt: Sissonne fermée nach rechts (ohne Beinwechsel), dann nach links, relevé V. Position auf Spitze, demi-plié, tour en l'air über rechts auf die rechte Schulter des Partners in die sitzende Haltung.

Während des Allegros soll der Partner die Partnerin nicht zu hoch anheben, sondern nur ihren Sprung nach vorn, zur Seite oder nach rück vergrößern und nach jedem Sprung weich ins demi-plié absetzen.

2. Beispiel ³/₄-Takt, 32 Takte

Ausgangshaltung:
Die Partnerin steht in der V. Position, rechtes Bein vorn, Arme in der vorbereitenden Haltung. Der Partner steht hinter ihr, beide Hände liegen auf ihrer Taille.

Auftakt: Die Partnerin geht ins demi-plié.
1. Takt: Sissonne ouverte en tournant in die Pose à la seconde 45°, der Partner hält sie auf die gleiche Weise wie bei tour en l'air.
2. Takt: Pas assemblé in die V. Position rück.
3. u. 4. Takt: Die Kombination wird mit dem anderen Bein wiederholt.
5. Takt: Sissonne tombée auf das rechte Bein und cabriole in der 1. arabesque. Der Partner hält sie dabei an beiden Ellenbogen.
6. Takt: Pas assemblé in die V. Position, linkes Bein vorn.
7. u. 8. Takt: Wiederholung der Takte 5 und 6.

2. musikalische Phrase:
1. Takt: Die Partnerin stellt sich auf die Spitze des rechten Beines in die 1. arabesque, Richtung zu Punkt 2. Der Partner steht hinter ihr, hält sie jedoch nicht fest.
2. Takt: Die Partnerin führt mit dem linken Bein pas failli in die IV. Position aus.
3. u. 4. Takt: 2 Pirouetten en dehors in die Pose à la seconde 90°. Während der Pirouetten hält der Partner sie an der Taille.
5. Takt: Mit dem rechten Bein développé passé in Pose croisée 90°.
6. u. 7. Takt: 3 Pirouetten en dehors und Öffnen des Spielbeines in die Pose attitude croisée.
8. Takt: Die Partnerin senkt das rechte Bein in die V. Position rück und geht ins demi-plié.

3. musikalische Phrase:
1. Takt: Die Partnerin führt pas balancé nach links aus.
2. Takt: Pas balancé nach rechts.
3. Takt: Tombé auf das linke Bein und 2 Pirouetten en dedans in die Pose croisée vor 90°.
4. Takt: Die Partnerin senkt das rechte Bein in die V. Position und geht ins demi-plié.
5.– 8. Takt: Wiederholung der Takte 1–4 mit dem anderen Bein.

4. musikalische Phrase:

1. u. 2. Takt: Die Partnerin geht, mit dem linken Bein beginnend, mit pas suivi um den Partner auf seine rechte Seite.
3. u. 4. Takt: Beide führen mit dem rechten Bein révérence aus.
5. Takt: Pas glissade und grand jeté in der 1. arabesque zu Punkt 8.
6. Takt: Der Partner setzt sie auf das linke Bein in der 1. arabesque ins demi-plié ab, sie führt danach mit dem rechten Bein pas failli in die IV. Position croisée aus.
7. Takt: Pas glissade mit dem linken Bein und grand jeté pas de chat in der 1. arabesque zu Punkt 8.
8. Takt: Der Partner fängt sie in der Pose »Fisch« auf.

3. Beispiel $^3/_4$-Takt (energisch, breit), 16 Takte

Ausgangshaltung:
Die Partnerin steht auf dem rechten Bein in der Pose croisée, Spielbein am Boden; der Partner steht hinter ihr, in der gleichen Pose, beide Hände halten ihre Taille.

Auftakt: Pas glissade mit dem rechten Bein zu Punkt 3.
1. Takt: Grande cabriole fouettée. Der Partner wirft die Partnerin hoch und fängt sie im »Fisch« auf.
2. Takt: Er stellt sie auf das linke Bein in der 1. arabesque auf den Boden ab, sie führt mit dem rechten Bein pas failli in die IV. Position croisée aus.
3. u. 4. Takt: Wiederholung der Takte 1–2 mit dem anderen Bein.
5. u. 6. Takt: Grande pirouette en dehors aus der IV. Position in Pose attitude (auf dem linken Bein). Der Partner hält sie nicht während der Drehung, sondern fasst erst nach $^3/_4$ Drehung zu, wenn sich die Partnerin im effacé befindet, und stoppt die Drehung mit beiden Händen an der Taille.
7. u. 8. Takt: Beide gehen zu Punkt 8. Die Partnerin stellt sich in der 2. arabesque à terre auf, der Partner steht in der gleichen Pose 2 Schritte hinter ihr.

2. musikalische Phrase:

1. Takt: Beide führen mit dem rechten Bein pas balancé aus, dabei bewegen sie sich etwas nach hinten zu Punkt 4.
2. Takt: Das gleiche mit dem linken Bein.
3. Takt: Die Partnerin führt tombé auf das rechte Bein aus und grande

pirouette à la seconde 90° en dedans, mit dem Drehansatz führt sie beide Arme in die 3. Position.

4. Takt: Nach der grande pirouette fasst der Partner sie mit beiden Händen an der Taille und hilft ihr, die Drehungen in der 3. arabesque im demi-plié zu beenden.
3. Viertel – die Partnerin senkt das linke Bein in die V. Position rück und führt ein relevé auf Spitze aus, port de bras in die 3. Position.

5. u. 6. Takt: Sissonne tombée auf das rechte Bein und pas de bourrée in die V. Position ins demi-plié, linkes Bein vorn.

7. Takt: Pas glissade mit dem rechten Bein zu Punkt 3.

8. Takt: Grand jeté in die 1. arabesque. Der Partner hebt sie mit beiden Händen an der Taille, danach fasst der Partner mit seiner linken Hand unter ihren linken Oberschenkel, hebt sie hoch und trägt sie auf gestreckten Armen in der 1. arabesque.

3. Unterrichtsjahr

Das 3. Unterrichtsjahr dient der Vervollkommnung. Von den Schülern muss man nicht nur eine saubere und genaue Ausführung verlangen, sondern auch die Ausdrucksfähigkeit entwickeln, das Kontaktgefühl, ihre Beziehungen im Duett. Nicht nur Duette aus dem klassischen Erbe sollten in das Programm einbezogen werden, sondern auch zeitgenössische und Etüden mit nationalem Kolorit.

Beim Erlernen von akrobatischen Hebungen muss man die physischen Möglichkeiten der Schüler in Betracht ziehen, um Überlastungen oder frühzeitige Berufserkrankungen auszuschließen.

Unterrichtsstunde zum Abschluss des 1. Halbjahres

Adagio

1. Beispiel $^{4}/_{4}$-Takt, 16 Takte

Ausgangshaltung:
Beide Partner stehen in der oberen rechten Ecke, mit dem Rücken zu Punkt 4, außerhalb des »szenischen Raumes«. Die Partnerin sitzt auf der rechten Schulter des Partners.

1. Takt: Mit dieser Hebung geht der Partner bis zur Mitte des Saales.
2. Takt: Mit einer Wendung über links setzt der Partner die Partnerin auf dem linken Bein in die 1. arabesque auf den Boden ab.
3. Takt: Der Partner wendet die Partnerin am Platz en dedans, sie hebt beide Arme in die 3. Position und endet mit dem Gesicht zu ihm in Pose attitude croisée.
4. Takt: In dieser Haltung Führung in $^{1}/_{2}$ Kreis, danach gehen sie auseinander, sie mit dem Rücken zu Punkt 3, er zu Punkt 7.

4. Viertel – beide laufen aufeinander zu zur Mitte des Saales.
5. Takt: Hebung in der 1. arabesque (mit Anlauf). Der Partner führt $1^1/_2$ Drehungen über rechts aus, wirft sie nach oben und fängt sie im »Fisch« auf (sie wendet sich in der Luft so, dass sie mit dem Gesicht zu Punkt 7 ankommt).
6. Takt: In dieser Pose trägt er sie zu Punkt 7.
4. Viertel – er wendet sie in die horizontale Lage mit dem Rükken zum Boden.
7. Takt: Er setzt sie rechts von sich in die V. Position auf den Boden ab.
8. Takt: Die Partnerin nimmt die 2. arabesque ein, Richtung zu Punkt 8 (linkes Bein ist Standbein). Der Partner steht 2 Schritte hinter ihr auf der Diagonale (Punkt 4 zu 8).

2. musikalische Phrase:
1. Takt: Jeté entrelacé auf die rechte Schulter des Partners in die Pose »Schwalbe«. Nachdem er sie aufgefangen hat, wendet er sich zu Punkt 2.
2. Takt: Er geht rückwärts zu Punkt 6.
3. Takt: Er kniet sich auf das linke Bein und setzt sie auf den Boden in die V. Position auf Spitze ab.
4. Takt: Sie geht hinter seinem Rücken auf seine linke Seite und stellt sich in der Pose croisée auf dem rechten Bein auf. Er erhebt sich und nimmt die gleiche Pose ein.
5. Takt: Sie führt pas glissade und grand pas de basque zu Punkt 2 aus. Die Landung erfolgt nicht in der V. Position.
6. Takt: In die gleiche Richtung grand jeté in Pose attitude croisée. Bei beiden Sprüngen hält der Partner sie an der Taille.
7. Takt: Schritt auf die Spitze des rechten Beines in die 1. arabesque, Gesicht zu Punkt 2.
3. Viertel – demi-plié, er geht 3 Schritte nach rück.
8. Takt: Pas chassé und grand fouetté in die 4. arabesque; er hebt sie mit beiden Händen hoch, wirft sie etwas nach oben und fängt sie im »Fisch« auf.

Bei der Wiederholung des Adagios mit dem anderen Bein ist zu beachten, dass das Körpergewicht der Partnerin bei Hebungen auf der rechten Hand des Partners liegt. Deshalb ist es in der 2. Phrase im 8. Takt und in der 1. musikalischen Phrase im 5. Takt möglich, die Hebung durch eine leichtere zu ersetzen.

2. Beispiel $^{3}/_{4}$-Takt, 16 Takte

Ausgangshaltung:
Die Partnerin steht in der V. Position, rechtes Bein vorn, Arme in der vorbereitenden Haltung. Der Partner steht hinter ihr.

Auftakt: Demi-plié.

1. Takt: Die Partnerin führt mit dem rechten Bein pas suivi effacée zu Punkt 2 aus. Der Partner folgt ihr.
3. Viertel – sie geht in der V. Position ins demi-plié. Der Partner hält sie an beiden Ellenbogen.

2. Takt: Die Partnerin führt pas sissonne fermée in der 1. arabesque aus und sofort pas failli in die IV. Position, linkes Bein vorn.

3. Takt: 3 Pirouetten aus der IV. Position, mit Abschluss in die 4. arabesque.

4. Takt: Der Partner fasst mit dem linken Arm von unten um ihre Taille, mit dem rechten von oben um den rechten Oberschenkel und dreht sich mit ihr in dieser Haltung zweimal über rechts.

5. Takt: Er setzt sie auf dem linken Bein in der 1. arabesque ab.

6. Takt: Er wendet sie mit dem Gesicht zu sich (en dedans), sie hebt die Arme in die 3. Position und nimmt die Pose attitude croisée ein. Seine rechte Hand fasst ihre Taille, seine linke öffnet er zur Seite.

7. Takt: Er führt mit dem linken Bein einen Ausfallschritt zu Punkt 7 aus und lässt sie langsam über eine fallende Pose nach rück auf ihr rechtes Knie gleiten.

8. Takt: Der Partner geht zurück zu Punkt 3, sie bleibt auf dem Knie.

2. musikalische Phrase:

1. Takt: Der Partner geht zur Partnerin und gibt ihr die rechte Hand, sie legt von oben ihre rechte Hand auf seine rechte Handfläche.

2. Takt: Sie erhebt sich auf das linke Bein in Pose attitude croisée.

3. u. 4. Takt: Führung en dehors (ganzer Kreis).
3. Viertel des 4. Taktes – sie geht ins demi-plié.

5. Takt: Sie dreht 3 Pirouetten en dedans und endet in der Pose croisée 90°.

6. Takt: Die Partnerin setzt das rechte Bein in die V. Position vorn auf Spitze ein, das linke Bein führt passé zum rechten Knie in Parallelposition aus (einwärts), die Arme erheben sich in die 3. Position. Der Partner geht ins tiefe demi-plié, fasst die Partnerin mit

seiner rechten Hand unter ihrem Kreuz, die linke fasst unterhalb des linken Knies.

7. Takt: Hebung und Fixierung auf einem gestreckten Arm des Partners.

8. Takt: Er trägt sie zu Punkt 7 »von der Bühne«.

Diese Hebung auf dem linken gestreckten Arm wird nicht gelehrt. Beispiel für ein Adagio – 1. Halbjahr des 3. Studienjahres: Adagio aus dem letzten Akt »Dornröschen« von P. I. Tschaikowski in der Choreografie von M. I. Petipa.

Allegro

1. Beispiel ³/₄–Takt (expressiv), 32 Takte

Ausgangshaltung:
Beide Partner stehen in der oberen linken Ecke mit dem Rücken zu Punkt 6. Die Partnerin steht vor ihm, nahe der linken Schulter.

Einleitung: 4 Takte – beide laufen auf der Diagonale zu Punkt 2 und bleiben in der 1. arabesque auf dem rechten Bein stehen.

Auftakt: Beide gehen ins demi-plié.

1. u. 2. Takt: Beide führen auf der Diagonale zu Punkt 6 pas chassé und jeté entrelacé in 1. arabesque aus. Während des Sprunges bleiben die Partner nebeneinander, berühren sich jedoch nicht.

3. u. 4. Takt: Wiederholung der Kombination wie Takt 1 und 2.

5. u. 6. Takt: Die Partnerin führt zum 3. Mal jeté entrelacé aus, der Partner fängt sie dabei in der Pose »Fisch« auf.

7. u. 8. Takt: Er setzt sie auf dem rechten Bein in der 1. arabesque auf dem Boden ab, sie senkt das linke Bein in die V. Position vor und führt soutenu en tournant auf Spitze aus.

2. musikalische Phrase:

1. u. 2. Takt: Sie führt pas suivi nach vorn aus und endet in der IV. Position (en face), linkes Bein vorn.

3. u. 4. Takt: 3 Pirouetten en dehors in die Pose croisée vor 90°.
Danach senkt sie das rechte Bein in die V. Position vor.

5.– 7. Takt: Beide laufen nach vorn zu Punkt 1.

8. Takt: Sie steht auf Spitze V. Position, rechtes Bein vorn, Arme in der 3. Position, er steht in der gleichen Pose einen Schritt hinter ihr.

3. musikalische Phrase:

1. u. 2. Takt: Beide führen pas balancé nach rechts und links aus. Zwischen dem 2. und 3. Takt führt die Partnerin tombé auf das rechte Bein zur Seite aus.

3. u. 4. Takt: Die Partnerin erhebt sich auf die Spitze des linken Beines, dreht 3 Pirouetten en dehors und endet in der Pose croisée vor 90°.

7.– 8. Takt: Wiederholung der Takte 1–4, nach den Pirouetten endet die Partnerin in der Pose écartée rück 90°.

4. musikalische Phrase:

1. u. 2. Takt: Die Partnerin führt tombé auf das rechte Bein und cabriole in der 1. arabesque aus, Richtung zu Punkt 4. Der Partner führt die gleichen Bewegungen, nur mit dem anderen Bein und in die andere Richtung, zu Punkt 8 aus.

3. u. 4. Takt: Sie läuft zu Punkt 4, wendet sich mit dem Gesicht zum Partner und stellt sich auf dem linken Bein in Pose croisée à terre auf. Der Partner wendet sich um seine Achse und bleibt mit dem Gesicht zur Partnerin stehen.
3. Viertel des 4. Taktes – die Partnerin führt mit dem linken Bein pas glissade aus.

5. u. 6. Takt: Grand jeté in Pose attitude effacée zum Partner. Während des Sprunges greift er mit dem rechten Arm um ihre Taille und dreht sie mit einer ganzen Wendung über links. Sie stützt sich mit dem linken Arm, der um seinen Hals gelegt ist, auf seinen Schultern ab.

7. u. 8. Takt: Er wendet sich ein zweites Mal um seine Achse und stellt sie dann auf dem linken Bein in der 2. arabesque ins demi-plié auf den Boden ab.

2. Beispiel $^{2}/_{4}$-Takt (expressiv), 16 Takte

Ausgangshaltung:
Die Partnerin steht in der rechten oberen Ecke, er in der linken, Gesichter zueinander gewandt.

Einleitung: 2 Takte – beide Partner laufen aufeinander zu. Er fasst mit seiner rechten Hand ihre linke Hand, sie wenden sich mit dem

Gesicht zu Punkt 1, bleiben in der Entfernung der ausgestreckten Arme stehen. Die freien Arme sind zur Seite geöffnet. Sie steht auf dem rechten Bein, linkes Bein mit der Fußspitze vorn aufgestellt. Der Partner steht auf dem linken Bein, sein rechtes Bein ist ebenfalls mit der Fußspitze vorn aufgestellt.

Auftakt: Beide führen pas couru nach vorn aus und halten sich dabei an den Händen.
1. Takt: Grand jeté zu Punkt 1.
2. Viertel – Hände gefasst, pas couru nach vorn.
2. Takt: Grand jeté, sie zu Punkt 2, er zu Punkt 8; während des Sprunges sind die Arme in die 2. Position geöffnet.
3. Takt: Beide nehmen die Pose attitude croisée ein, sie auf dem linken Bein, er auf dem rechten.
2. Viertel – beide führen pas chassé nach rück aus.
4. Takt: Grand assemblé en tournant beider Partner bis zur Mitte des Saales, der Partner landet einen halben Schritt hinter der Partnerin.
2. Viertel – demi-plié.
5. Takt: Pas suivi in die IV. Position en face, linkes Bein ist vorn.
6. Takt: 3 Pirouetten in die Pose effacée vor 90°.
7. Takt: Tombé auf das rechte Bein und pas de bourrée.
8. Takt: Schritt auf das rechte Bein in die 2. arabesque (am Boden); der Partner steht in der gleichen Pose 2 Schritte hinter ihr.

2. musikalische Phrase:
Auftakt: Demi-plié und pas chassé zum Partner.
1. Takt: Jeté entrelacé mit dem rechten Bein zu Punkt 7; der Partner hält die Partnerin mit beiden Händen von vorn an der Taille, sie stützt sich mit beiden Händen auf seinen Schultern ab.
2. Takt: Schritt auf das linke Bein in die 2. arabesque, er bleibt in der Mitte des Saales stehen.
3. u. 4. Takt: Wiederholung der Takte 1 und 2 mit Auftakt.
5. u. 6. Takt: Sie führt temps levé mit dem linken Bein aus und läuft zu Punkt 6, er geht zu Punkt 2, zur vorderen rechten Ecke.
7. Takt: Sie wendet sich mit dem Gesicht zu ihm und nimmt auf dem rechten Bein die Pose croisée à terre ein, er steht in einer Pose, die vom Pädagogen bestimmt wird.
8. Takt: Sie nimmt Anlauf, springt zu ihm und nimmt in der Luft die Pose »Fisch« ein, in der der Partner sie auffängt.

Unterrichtsstunde zum Abschluss des Schuljahres

Adagio

1. Beispiel $^4/_4$-Takt, 16 Takte

Ausgangshaltung:
Sie steht auf dem linken Bein in der Pose croisée à terre, Arme in der vorbereitenden Haltung. Der Partner steht in der gleichen Pose hinter ihr.

Auftakt: Pas glissade der Partnerin (ohne Beinwechsel).
1. Takt: Schritt auf das linke Bein in eine niedrige 1. arabesque. Der Partner hält sie mit der rechten Hand an der Taille, der linke Arm ist in der 2. Position.
2. Takt: Führung en dehors ($1^1/_2$ Kreis) bis zur 4. arabesque.
3. Takt: Sie führt développé passé mit dem rechten Bein in Pose effacée 90° aus. Der Partner verschiebt seine rechte Hand von der Taille zum Kreuzwirbel und hält sie in der Pose effacée. Sie stützt sich mit ihrem Rücken in seinem Arm ab.
4. Takt: Der Partner stößt die Partnerin etwas nach vorn, sie führt tombé auf das rechte Bein aus, pas de bourrée in die V. Position und pas soutenu en tournant; sie endet nach der Wendung mit dem Gesicht zu ihm.
5. Takt: Sie geht zu ihm, stellt sich mit dem rechten Bein auf Spitze, linkes Bein développé vor zu Punkt 6, der Oberkörper neigt sich dabei nach rück in die horizontale Lage, Arme in der 3. Position. Er steht mit dem Gesicht zu ihr und hält sie mit beiden Händen an ihrer Taille.
6. Takt: Grand rond de jambe en dehors mit dem linken Bein, der Partner wendet die Partnerin his zur Pose attitude croisée.
7. Takt: Sie geht ins demi-plié und dreht 3 Pirouetten en dedans in die Pose effacée vor 90°.
8. Takt: Sie senkt das linke Bein in die V. Position vor, geht langsam zu Punkt 8 und nimmt die 1. arabesque auf dem linken Bein ein. Der Partner folgt ihr und fasst mit seiner rechten Hand von unten ihre rechte Hand (Handfläche in Handfläche).

2. musikalische Phrase:
Auftakt: Pas chassé der Partnerin zu Punkt 4.
1. Takt: Saut de basque auf das linke Bein und schnelles développé in

Pose écartée rück mit dem rechten Bein. Während des Sprunges unterstützt der Partner sie mit der rechten Hand.

2. Takt: Führung en dehors (ganzer Kreis). Während der Führung fasst der Partner mit der linken Hand von unten ihre linke Hand.

3. Takt: 3 Pirouetten en dehors in die 1. arabesque.

4. Takt: Sie setzt das rechte Bein in die V. Position rück ein und wechselt dabei das épaulement. Er bleibt rechts von ihr, beide gehen nach rück zu Punkt 6.
4. Viertel – die Partnerin steht in der V. Position, rechtes Bein vorn, demi-plié. Der Partner steht hinter ihr, beide Hände an ihrer Taille.

5. Takt: Sissonne ouverte soubresaut in die 1. arabesque auf das rechte Bein. Der Partner hebt die Partnerin dabei mit beiden Händen an der Taille und setzt sie weich auf die Spitze des rechten Beines ab.
4. Viertel – die Partnerin senkt das linke Bein in die V. Position rück, danach geht sie auf beiden Beinen ins demi-plié.

6. Takt: Wiederholung des 5. Taktes.

7. Takt: Révérence der Partnerin mit dem rechten Bein, der Partner geht zu Punkt 7.

8. Takt: Sie läuft ihm entgegen, springt hoch und nimmt in der Luft die Pose »Schwalbe« ein. Der Partner hebt sie, trägt sie mit gestreckten Armen und geht mit ihr von der »Bühne« ab.

2. Beispiel $^4/_4$-Takt, 16 Takte

Ausgangshaltung:
Beide Partner stehen in der linken hinteren Ecke, sie befinden sich noch »hinter der Bühne«.

Auftakt: Der Partner hebt die Partnerin, die auf seiner rechten Hand sitzt (Stuhl), mit der linken Hand hält er sie am linken Knie. Ihre Armhaltungen werden vom Pädagogen bestimmt.

1. Takt: Der Partner trägt die Partnerin auf einer Hand und geht auf einer geraden Linie auf die gegenüberliegende Seite.

2. Takt: Er ändert die Richtung und geht zu Punkt 8.

3. Takt: Er senkt sie bis zur Brust ab und lässt sie dann in den »Fisch« herunter.

4. Takt: Er setzt sie auf dem linken Bein in der 1. arabesque ab.

5. Takt: Führung en dehors (ganzer Kreis). Während der Führung port de bras der Partnerin und Übergang in die Ausgangspose.

6. Takt: Sie geht ins demi-plié, führt anschließend pas de bourrée aus und stellt sich auf dem linken Bein in der 2. arabesque à terre auf. Er steht 2 Schritte von ihr entfernt auf der Geraden von Punkt 7 zu 3 in der gleichen Pose.

7. Takt: Mit dem rechten Bein führt die Partnerin 1 Schritt zum Partner aus und stellt sich auf die Spitze des linken Beines; 3 Pirouetten en dehors (Arme in der 3. Position) und Abschluss in der 1. arabesque.
4. Viertel – sie geht ins demi-plié.

8. Takt: Wiederholung des 7. Taktes.
4. Viertel – nach den Pirouetten endet die Partnerin in der Pose attitude croisée.

2. musikalische Phrase:

1. Takt: Die Partnerin senkt das rechte Bein in die V. Position rück und geht ins demi-plié.

2. Takt: Sie geht einen Kreis über links zur Mitte des Saales. Der Partner geht nach rechts zu Punkt 2 und wendet sich mit dem Gesicht zu ihr.

3. Takt: Sie setzt sich auf den linken Oberschenkel auf den Boden.

4. Takt: Er geht zu ihr und reicht ihr die rechte Hand, sie legt von oben ihre rechte Hand in seine Handfläche.

5. Takt: Mit schneller Bewegung zieht er sie zu sich und fängt sie in der »Schwalbe« auf seiner linken Schulter auf.

6. Takt: Der Partner senkt ihren Oberkörper tief herab (er hält sie an der Schulter) und wendet sich bei gleichzeitigem Aufrichten ihres Oberkörpers zu Punkt 8.

7. u. 8. Takt: Er geht zu Punkt 8 und trägt die Partnerin von der »Bühne«.

Beispiele für ein Adagio des 3. Studienjahres:
Adagio aus dem 1. Akt »Schwanensee« von P. I. Tschaikowski in der Choreografie von M. J. Petipa und L. I. Iwanow; Adagio aus dem letzten Akt »Don Quichotte« von L. Minkus in der Choreografie von A. A. Gorski.
Ein oder zwei Adagios aus den zeitgenössischen Balletten nach Wahl des Pädagogen.

Allegro

1. Beispiel 2/4-Takt, 16 Takte

Ausgangshaltung:
Die Partnerin steht in der V. Position, rechtes Bein vorn, Arme in der vorbereitenden Haltung, der Partner steht hinter ihr.

Auftakt: Die Partnerin öffnet das linke Bein zur Seite auf 45°, ihre Arme öffnen sich leicht zur Seite.
1. Takt: Die Partnerin führt pas de bourrée en tournant en dedans in die V. Position aus, rechtes Bein vorn, und demi-plié.
2. Takt: 2 Pirouetten en dehors ins demi-plié, das rechte Bein wird zur Seite auf 45° geöffnet und schnell an das linke Bein sur le cou-de-pied rück angelegt.
3. Takt: Pas de bourrée en tournant en dehors, danach tombé auf das rechte Bein zu Punkt 8.
4. Takt: 2 Pirouetten en dedans in die V. Position, linkes Bein ist vorn. 2. Viertel – rechtes Bein zur Seite auf 45° öffnen.
5.– 8. Takt: Wiederholung der Kombination mit dem anderen Bein.

2. musikalische Phrase:
Auftakt: Demi-plié.
1. Takt: Schritt auf das rechte Bein auf Spitze in die 1. arabesque, linkes Bein auf 45° angehoben, danach pas failli in die IV. Position croisée.
2. Takt: 2 Pirouetten en dehors in die Pose à la seconde 90°.
3. Takt: Mit dem rechten Bein passé in Pose croisée vor.
4. Takt: 3 Pirouetten en dehors in die IV. Position, linkes Bein ist vorn. 2. Viertel – demi–plié.
5. Takt: Wiederholung des 1. Taktes.
6. Takt: 2 Pirouetten en dehors in die V. Position, rechtes Bein ist vorn.

7. Takt: Ohne Pause dreht die Partnerin zweimal aus einem Schritt auf die Spitze des rechten Beines 1 Pirouette en dedans mit Fortbewegung zu Punkt 2. Während der Drehungen ist das linke Bein sur le cou-de-pied rück angelegt.

8. Takt: Schritt auf die Spitze des rechten Beines und 3 Pirouetten en dedans in eine hohe 1. arabesque. Während der Pirouetten hält der Partner sie mit beiden Händen an der Taille.

Diese Kombination wird beim ersten Mal im langsamen Tempo gespielt. Je nach den technischen Möglichkeiten der Klasse kann das Tempo bei den Wiederholungen beschleunigt werden.

2. Beispiel 3/4-Takt (expressiv), 32 Takte

Ausgangshaltung:
Die Partnerin steht auf dem rechten Bein in der Pose croisée à terre. Der Partner steht hinter ihr, beide Hände liegen an ihrer Taille.

Auftakt: Pas glissade zu Punkt 3.

1. u. 2. Takt: Grand jeté in der 1. arabesque. In der Luft führt die Partnerin mit dem linken Bein développé passé in Pose effacée aus.

3. u. 4. Takt: Die Partnerin führt tombé auf das linke Bein, pas de bourrée und kleines jeté aus.

Auftakt, 5.– 8. Takt: Wiederholung der Kombination mit dem gleichen Bein. Das letzte kleine jeté führt die Partnerin in der 2. arabesque aus, zu Punkt 8, der Partner hält sie nicht beim letzten Sprung, sondern geht zurück zur Mitte des Saales.

2. musikalische Phrase:

Auftakt: Pas chassé zum Partner.

1. u. 2. Takt: Saut de basque zum Partner. Der Partner hebt sie im »Sitz« hoch und trägt sie auf gestreckten Armen.

3. u. 4. Takt: Mit dieser Hebung geht er nach hinten und setzt sie am Boden ab.

5. u. 6. Takt: Die Partnerin führt temps levé und cabriole in der 1. arabesque aus (mit dem linken Bein) und läuft zu Punkt 7. Er führt die gleiche Bewegung mit dem anderen Bein aus und läuft zu Punkt 3.

7. u. 8. Takt: Beide wenden sich mit dem Gesicht zueinander und führen eine révérence aus (mit dem linken Bein).

3. musikalische Phrase:

Auftakt: Beide laufen zur Mitte des Saales. Die Partnerin springt in der 3. arabesque ein temps levé mit dem linken Bein.

1. u. 2. Takt: Der Partner hebt sie in der 3. arabesque, er wirft sie nach oben, in diesem Moment dreht sich die Partnerin in die horizontale Lage. Der Partner fängt sie wieder im »Fisch« auf.

3. u. 4. Takt: Er setzt sie auf das rechte Bein in der 1. arabesque ab; sie schließt das linke Bein in die V. Position vorn.

5.– 8. Takt: Wiederholung von Takt 5–8 der 2. musikalischen Phrase.

4. musikalische Phrase:

Auftakt und 1.– 4. Takt: Wiederholung des Auftaktes und des 1.– 4. Taktes der 3. musikalischen Phrase.

4. Viertel des 4. Taktes – sie setzt das linke Bein in die IV. Position croisée ab.

5. u. 6. Takt: 3 Pirouetten en dehors in die Pose à la seconde 90°.

7. u. 8. Takt: 3 Pirouetten en dedans in die Pose attitude croisée. In der Endpose steht der Partner der Partnerin gegenüber, Gesicht zu ihr und hält sie mit den Händen an der Taille.

3. Beispiel $^3/_4$-Takt, 32 Takte

Ausgangshaltung:
Die Partnerin steht in der rechten oberen Ecke auf dem linken Bein in der Pose croisée à terre. Der Partner steht in der linken oberen Ecke auf dem rechten Bein in der Pose croisée à terre.

Auftakt: Beide Partner führen pas glissade aufeinander zu aus.

1. u. 2. Takt: Grand jeté in der 2. arabesque. Während des Sprunges befindet sich der Partner hinter der Partnerin.

3. u. 4. Takt: Danach renversé sauté und pas de bourrée en tournant in die V. Position ins demi-plié.

5. u. 6. Takt: Pas failli, coupé und pas assemblé zu Punkt 2. Er befindet sich während des Sprunges hinter ihrem Rücken und bewegt sich zu Punkt 8.

7. u. 8. Takt: Sie geht auf dem rechten Bein auf Spitze in die 1. arabesque. Der Partner steht 2 Schritte hinter ihr auf der Linie von Punkt

3 zu Punkt 7. Sie führt pas chassé zum Partner aus und springt die doppelte Drehung in horizontaler Lage (»doppelte Roulade«).

2. musikalische Phrase:

1. u. 2. Takt: Der Partner setzt sie auf dem rechten Bein in der 1. arabesque auf dem Boden ab. Die Partnerin senkt das linke Bein in die V. Position vor.
3. u. 4. Takt: Sie gehen beide zu Punkt 8.
5. u. 6. Takt: Sie nehmen beide die 2. arabesque auf dem linken Bein ein. Er steht einen Schritt hinter ihr.
7. u. 8. Takt: Pause in dieser Pose.

3. musikalische Phrase:

1. u. 2. Takt: Beide führen pas balancé en tournant und pas glissade aus.
3. u. 4. Takt: Grand jeté der Partner in der 1. arabesque. Der Partner hält sie dabei an beiden Ellenbogen. Beide bewegen sich dabei zu Punkt 3.
5.– 8. Takt: Wiederholung von Takt 1–4 der 3. musikalischen Phrase; sie bewegen sich dabei zu Punkt 5.

4. musikalische Phrase:

1.– 4. Takt: Wiederholung von Takt 1–4 der 3. musikalischen Phrase. Beide bewegen sich dabei zu Punkt 7.
5. u. 6. Takt: Die Partnerin läuft zu Punkt 3 und stellt sich auf dem rechten Bein auf Spitze in der 1. arabesque auf. Er läuft zu ihr und bleibt 2 Schritte von ihr entfernt stehen.
7. u. 8. Takt: Doppelte Drehung in der horizontalen Lage.

Diese Beispiele für Adagio und Allegro sollen nur als Schema dienen. Jeder Pädagoge kann, je nach musikalischer Vorlage, im Charakter, im Ausdruck und in der szenischen Form variieren.